命理生活新智慧・叢書 120

交友發財術

金星出版社 http://www.venusco555.com
E-mail: venusco@pchome.com.tw
法 雲 居 士 http://www.fayin.tw
E-mail: fatevenus@yahoo.com.tw

法雲居士⊙著

金星出版

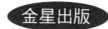

國家圖書館出版品預行編目資料

交友發財術／法雲居士著，
--臺北市：金星出版：紅螞蟻總經銷，
2012年04月 初版；面；公分—
（命理生活新智慧叢書；120）

ISBN：978-986-6441-66-0（平裝）

1. 紫微斗數

293.11　　　　　　　　101001812

交友發財術

作　　者：　法雲居士
發 行 人：　袁鴻馨
社　　長：　袁光明
總 經 理：　王璟琪
編　　輯：　杜靖婕
出 版 者：　金星出版社
社　地址：台北市南京東路3段201號3樓
電　電話：886-2--25630620●886-2-2362-6655
傳　FAX：886-2365-2425
郵政劃撥：[illegible]金星出版社帳戶
總 經 銷：　紅螞蟻圖書有限公司
地　　址：　台北市內湖區舊宗路二段121巷28・32號4樓
電　　話：　(02)27953656 (代表號)
網　　址：　www.venusco.com.tw
http://www.venusco555.com
E-mail　：　venusco@pchome.com.tw
法雲居士網址：http://www.fayin.tw
E-mail　：fatevenus@yahoo.com.tw

版　　次：　2012年04月初版
登 記 證：　行政院新聞局局版北市業字第653號
法律顧問：　郭啟疆律師
定　　價：　480 元

行政院新聞局局版北字業字第 653 號
(本書遇有缺頁、破損倒裝請寄回更換)

ISBN：978-986-6441-66-0（平裝）

序

這本『交友發財術』是所有朋友宮不好的人及所有朋友宮好的人都要看的一本書。因為有些人，雖然也感覺自己的朋友運很好，相互和諧，沒有爭執，在一起快快樂樂，但是朋友們總是吃喝玩樂的酒肉朋友，朋友們從沒給你帶財來，你也從沒有因朋友而發財過。因此朋友只是你的玩伴而無用，或許還害你花錢、賭博而成『損友』，對你來說沒啥好處。

朋友一定要對自己有利，才算是真正的好朋友。否則，那和電視劇中的路人甲、路人乙是沒有什麼不同的。那也不過是人生中萍水相逢的結果。但是要找到真正對自己有利的朋友也真不是件容易的事！常常有朋友問我：『老師！我有沒有貴人呀！』、『我的貴人在那裡？』，這裡所指的『貴人』就是能使你發財增運氣的『好朋友』之人了。

交友發財術

很多人認為『交友發財術』一定是帶你去簽樂透，告訴你會中獎的簽牌號碼，讓你中獎，或是乾脆送你一大筆錢，讓你立即變為富翁而享福。這些想法都未免太天真了！

但是我真的看到一位朋友，他是靠朋友幫他發財的，財富多到去美國和小布希的爸爸老布希做鄰居了。這位朋友的朋友宮是『武曲化權、貪狼化祿』。真的是超強的朋友運呢！朋友用自己的發明品和他一起創業而發財。

如果你沒有這樣的朋友宮，但是你還是有其他的機會來展開你的『交友發財術』，有的人桃花多，有的人靠異性關係而交友發財，有的人靠同性廣結人脈而交友發財。下從販夫走卒，上至部長官貴，無所不識，如此當然能過濾其中有用之人，而能『交友發財』了！更有些人會靠領導力及向心力來交友發財，那你不但能匯集財富，更具有官貴的條件，能步步高陞，人生成就可非一般等閒之輩了！

不過，有趣的是，我發現：朋友宮有『紫微帝座』的人，雖然能因朋友關係，多揀一些小便宜，但都很少因交友而發大財的！那是因為這些人的命宮都有一顆『天同星』的關係。『天同坐命』的人，本身就天性溫和，從不瞭解別人為什麼對自己好？天性也較懶惰，對人生的權勢富貴慾望胃口也不大，因此對朋友的冀望也不大，所以靠朋友發財的夢想也不大了。

總之，『交友發財術』這本書是內心對事業有積極渴望、對發富升貴有超級夢想的人的一本教戰手則。希望能對讀友有益！人人都能因交朋友而大發財！

法雲居士　謹識

交友發財術

交友發財術

目錄

第一章 『交友發財術』的自我體驗

每一個人出生開始，已經在接受交朋友的訓練了。很多人會訝異於這個說法，但這都是千真萬確的事實。

每一個人在出生到這世界上，最先接觸到的就是家庭中的成員，有父母親及兄弟姐妹。這些人都是異於自己的另外一個個體，縱然是雙胞胎兄弟姐妹，心性有多麼相似，但也只是另外一個個體而已，於是自己這個個體，便要和家庭中數個其他個體接觸，相互適應來共同生活。這也開啟了每個人在人生中第一次與其他個體的交往關係。此種關係也延續著日後與外界的個體的交往關係。因此每個人幼年時期在家庭中與親人回應對待的關係，也就是日後與外界朋友接觸時的預先訓練課程了。

在與人往還對應的過程中，往往是受自己基本性格所支配的力量最大。尤其人在幼年時代，喜怒哀樂的感覺表現最直接，雖然父母會管教，會壓抑他，但是幼年時代的人類，還是主要以個人感觀為主，因此大家會感覺得到幼兒直接的純真。人在成年以後會隱藏自己的某些觀感，受制於他人的議論或利益思想，但真正基本上仍脫不了以『自我』為主的基本概念。是故，有什麼個性的人，就會具有什麼樣的想法，有了如此的想法，就會擁有如此的朋友。因此從一個人的性格來看他所交的朋友，就如同種什麼因，來結什麼果，有異曲同功之妙了。

例如：

紫微坐命的人：有高高在上，自以為是的觀念，很固執，有時又會耳朵軟，會聽一些閒言閒語，但是他們會深藏心中，不表現出來，久而久之。那些閒話就會變成他們心中的觀念了。他們喜歡態度嚴謹的人。

紫府坐命的人：表面上他們很隨和，什麼人都能交往。實際上他們對朋友的選擇很嚴格，一板一眼的，尤其是想佔便宜，讓他吃虧的人，根本就是拒絕往來戶。他們喜歡開朗、無拘束而知道自重的人。

紫相坐命的人：有溫和、固執的性格，很希望有朋友來解除他心中的煩悶。陪著他、聽他訴苦，並且又能志同道合的一起工作。

紫貪坐命的人：有俊美的外表，自視很高，擅於交際，但又要與人保持特別的距離，因為他們對誰也不放心，也不會輕易透露心聲，是一個秘密很多的人。他們喜歡性格保守、不亂講話的人。

紫破坐命的人：性格堅強、頑固、敢說別人不敢說的話，常對周圍的人和環境不滿意、愛隨意批評，有時會引起眾怒。一生對人懷疑，人生也不安定。他們喜歡可以插科打諢的人。

紫殺坐命的人：性格強悍、固執、愛掌權。獨霸一方，不願意被人管。高興的時候會與人長談。不高興，便愛理不理人。他們喜歡溫和懂規矩的人。

天機坐命的人：聰明伶俐，善變，反應快，計謀多，有點神經質。做事沒有耐心，不長久，性格固執不信邪。脾氣急躁，常惹是非。他們喜歡聰明有趣的人。

機陰坐命的人：腦筋靈活、善變、心情不定、好動、驛馬強，喜歡變換環境，重視情緣，情感起伏大。最喜歡開朗有大器量的人，以改善他心情不好時的情緒。

機巨坐命的人：性格固執、聰明有智慧、為人陰沈、脾氣不好。有高的文化水準，不喜歡依靠別人，也不受別人的恩惠，口才銳利，容易有是非。喜歡與有智慧、有策劃能力的人來往。很著重朋友的層次高低是否能和自己匹配。他們喜歡柔中帶剛的人。

機梁坐命的人：性格固執、有小聰明。自以為有小聰明，別人不敢騙他，而常常上當。口才好，愛說話，對朋友沒有戒心。

偶而也喜歡聽邪佞之事或投機取巧。他們喜歡口才好會抬槓的人。

太陽坐命的人：性格爽直、開朗、言語坦白、沒有心機。個性急，仁慈無私心。做事有原則，怕人用軟話來打動他，不怕別人用強硬的態度對待他，他仍會仗義直言，心地光明磊落。太陽居旺坐命的人很健談。『太陽居陷』坐命的人，內向含蓄。他們都喜歡溫和、少麻煩、不嚕嗦的人。

日月坐命的人：個性急，好動，性格常三心兩意，變化無常，希望別人能幫他出主意，但是又不會聽從。心情矛盾，反反覆覆。做人有時也沒有原則。喜歡溫和疼愛他的人。

陽梁坐命的人：性格豪放、爽朗、愛幫助的人、好面子、不拘小節、又愛管別人的閒事。性格急躁、做事很快速、急速潦草、野心很大，喜歡做大事業。小事別找他。喜歡不嚕嘛的人。

陽巨坐命的人：為人固執、口才好、口舌是非多、喜歡競爭、好吹噓、喜歡食祿。富格的人有食祿。不富的人好吃，凡事喜歡競爭。在人生中會有一段時間懶惰下來。喜歡別人對他好，但自己卻不知付出。

武曲坐命的人：個性剛直、性急、做事速戰速決、固執、重言諾。喜怒都會在臉上表現出來。心情好時很會和朋友聯絡交際。心情不好則靜守。喜孤獨。通常都是活動力強、適應能力也很強的人。他們喜歡重情義的人。

武府坐命的人：性格剛直、保守、注重物質享受、做人一板一眼，對錢財有強烈的敏感能力。不喜歡照顧人，也無需別人照顧，有『羊刃』在命宮的人有為富不仁的心胸。他們喜歡豪放、不拘小節的人。

武貪坐命的人：性格強硬，為人勤快，勞心勞力，有些慳吝。有橫發格，一生大起大落，很能吃苦耐勞。他們喜歡保守、守規矩的人。

武殺坐命的人：性格剛強頑固，做事拚命，敢愛敢恨、好勝不服輸，心情不好不愛講話。會為錢財與人爭執。他們喜歡溫和不惹事、又很會做事的人。

武相坐命的人：表面溫和、主觀意識很強，注重個人享受，好美食。喜歡做事業。他們喜歡聰明、速度感快的人。

武破坐命的人：性格剛強，喜冒險，常孤注一擲，愛賭博，不喜歡依靠別人，白手成家，辛苦勞碌，精神較空虛。他們喜歡外貌美麗、有交際手腕，有才華的人。

天同坐命的人：性格溫和、善良、謙虛、有些懶散、愛享受，有小孩子脾氣，也喜歡照顧別人。很少發脾氣，是脾氣好的人。他們喜歡別人能照顧他、疼愛他，而他也能照顧對方的人。

同陰坐命的人：性格溫柔、有異性緣，不喜歡惹是非，喜歡享福，做固定的工作。喜歡撒嬌、被寵愛。喜歡聰明機智、幽默，又能照顧他的人。

同巨坐命的人：性格固執、外表溫和，一生口舌是非多，常犯小人，與家人有不合現象，喜歡別人照顧他，供給他花用。也喜歡巴結權貴，自抬身價。

交友發財術

同梁坐命的人：性格固執、脾氣硬。但通常是溫和好相處的人。他們擅於外交，對自己不行的能力，擅於掩飾。人緣好、喜歡照顧別人，不愛回家，喜歡在外交際。他們喜歡不要約束他、管他的人。

廉貞坐命的人：性格固執剛強、愛表現。喜歡策劃事情，做事有衝勁，肯辛勞奮鬥，凡事都要計劃，也會在私底下做暗中安排。喜歡結交有用的權貴之人。所有的交際應酬也都有其意義。

廉府坐命的人：性格頑固、外手交腕好，為人小氣，常看人不準。仍會在人際關係上投資，在別的事情上很計較。言詞鈍拙、行為保守，喜歡和他不一樣的人，也喜歡自吹自擂愛表現的人。

廉殺坐命的人：性格頑固、懦弱，又高傲、膽子小，不喜歡說話，很靜，有時有些虛偽，但內心很熱情，很會交朋友。他們喜歡速度快、開朗、有趣的人。

廉破坐命的人：性格堅強，能吃苦耐勞。為人衝動，平常很陰沈，少說話。說話時很狂妄，口才也不錯。他們喜歡性格爽直、乾脆的人。

廉貪坐命的人：性格剛直、心直口快、多說少做、意見很多、愛幻想、有時也沒主見。喜歡酒色財氣之事，無法真負責任、工作常換、做事不耐久，沒有吃苦精神。喜歡享福。喜歡有權貴之人來照顧他。

天府坐命的人：性格忠厚、老實、做人坦白、心慈。平常愛管事、很嘮叨。做事一板一眼、愛操心。做人保守、守份、守規矩。只有對錢吝嗇，愛斤斤計較。做人很自負、有些驕傲。他們喜愛開朗、豪爽、有霸氣的人。

太陰坐命的人：性格文靜怕羞、好動心急、外柔內剛。心性仁慈、博愛。心靈脆弱、敏感、平常較陰沈、對人有猜疑心。有異性緣、注重情意的表達。他們喜歡開朗、坦白、真誠的人。更喜歡隨時表達重情義、溫柔多情的人。

貪狼坐命的人：聰明、頭腦好、反應快、人緣特好、多才多藝、能言善道、做事速度快、為人自傲、喜怒無常、慾望多而強烈、好大喜功。他們喜歡聰明但保守、可信賴的人，因為本身理財能力不佳，也喜歡會理財、會賺錢的人。

巨門坐命的人：性格多疑、愛嘮叨、挑剔、注意小節問題。性格反覆，不滿現狀，對所有的事都不滿足，口舌是非多，口才好，多學少精。與人交往初善終惡。他喜歡溫柔、重情義、能順從附和他的人。

天相坐命的人：性格溫和、端正、忠厚老實、不偏私。服務熱心、喜歡管事情又怕事，不喜歡惹麻煩。喜歡美食、衣著，愛享福。他們喜歡聰明、速度快、多才多藝、幽默、愛變化的人。

天梁坐命的人：性格固執、自負、霸道、有威嚴。喜歡照顧別人，愛管別人的閒事，但自己家的事不管。也喜歡形成小圈圈，專門照顧自己人，性格中有些部份是自私的。他們喜歡有能力的人，更喜歡豪放、直爽、不拘小節的人。

七殺坐命的人：性格倔強，聰明有魄力，能獨當一面處理事情，勇於承擔責任，眼大性急，有威嚴，喜冒險，做事時內心常掙扎，決定後速戰速決。不服輸、不願承認失敗、辛苦勞碌、有堅忍不拔的精神。性格冷靜、好動、有謀略。他們喜歡溫和、知進退、認真、守本分、規矩的人。

破軍坐命的人：性格剛直、好勝心強、敢愛敢恨。看似外表豪爽，實則多疑、性情反覆不定。私心很重，幹勁十足，喜謀略，喜創業，做事常破耗。他們喜歡聰明如自己一般的人。

祿存坐命的人：性格固執、穩重、老實、剛直，保守、不合群。一生為求財忙碌不停。他們喜歡能關心他，幫助他生財的人。

文昌坐命的人：外表斯文、性格固執、精明、精於計算。思想敏銳、聰明能幹。心情反覆不定，容易見異思遷。他們喜歡聰明但不要和他太計較的人。

文曲坐命的人：聰明、能幹、敏銳、口才好、有才藝、精打細算。心情不穩定，思想常變化多端、桃花重。他們喜歡有人天天捧著他，能以他為中心生活的人。

左輔坐命的人：性格耿直、忠厚、有謀略、穩重、溫和、聰明、機智、器度寬大，人緣很好。重感情。他喜歡能關懷他、重情重義的人。

右弼坐命的人：內心專制、忠厚，表面對人很隨和，做事有野心，重感情，只照顧自己認可的自己人。有異性緣。他喜歡重情重義，並且發誓效忠於他的人。

擎羊坐命的人：個性剛強、霸道、固執、容易衝動、愛與別人計較。性格敏感、敢愛敢恨，容易感情用事、做事乾脆、不會拖拖拉拉。記恨心強，恩怨分明，常自以為是，不接受別人意見，對別人有侵略性的意圖。好爭強鬥狠，不願意接受別人的幫助。為人自私。他們喜歡順從他，只對他一個人好的人。

陀羅坐命的人：性格頑固、多是非，容易犯小人。一生波折大、心煩悶，不願意告訴別人，有長期精神上的自我折磨，不開朗。做事常失敗，運氣不好，容易被人嫌。做事拖拖拉拉，容易相信剛認識的人，常受騙，對別人沒信心。只相信自己。他們喜歡能同情他、稱讚他為悲劇英雄的人。

火星坐命的人：個性激烈、剛強，喜歡爭強鬥狠、做事果斷、急躁不安、不喜歡束縛、好動、勞碌、做事速度快，有頭無尾。愛辯論、易怒、脾氣快發快過。他們喜歡速度快、會賺錢、會爆發財運的人。

鈴星坐命的人：個性較陰沈、剛暴、性烈而內向、聰明、伶俐、做事果斷、有機智，仍是急躁火暴的脾氣，不安現實，好大喜功，心胸較狹窄，會報復記恨，脾氣會慢慢發作。做了事常後悔。他們喜歡聰明、機智、賺錢機會多、會爆發財運的人。

地劫坐命的人：性格固執、喜怒無常、個性不穩定。不合群、常有是非。聰明、喜幻想、點子多、浪費、自私、對別人吝嗇。做事疏狂、喜邪僻之事。做事不實在，一生多失敗，不聚財。他喜歡標新立異，會耍很多把戲的人。

天空坐命的人：聰明、幻想多，有特殊靈感、不喜與人來往，個性孤獨，只活在自己的世界裡。凡事不積極，不貪求，不拒絕。看起來沒有個性，但個性又極為特殊。一生沒有大的目標，隨遇而安。他喜歡能默默陪他，又不騷擾他的人。

驚爆偏財運

法雲居士⊙著

『偏財運』就是『暴發運』！

世界上許多領袖級的人物、諾貝爾獎金得主、以及各大企業集團的總裁、領導級的政治人物，都具有『暴發運格』。

『暴發運格』會改變歷史，會創造歷史！
『暴發運格』也可以創造億萬富翁，是宇宙間至高無上的旺運！
在你的生命中，到底有沒有這種契機？
你到底屬不屬於那全世界三分之一的好運人士？

且聽法雲居士向您解說『暴發運格』、『偏財運格』的種種事蹟與內涵，把握住自己生命中的爆發點，創造歷史的人，可能就是你！

第二章 『交友發財術』的運用及方法

在紫微命理裡，命宮是第一個宮位，僕役宮(朋友宮)是第八個宮位，所有的命理型式皆是從個人本位做為一個出發點的。因此命宮就主宰著人一生命運的趨向。

也就是說：實際上，一個人的性格，決策能力才是主宰命運的舵手。**而僕役宮（朋友宮）是輔宮，**它位在官祿宮（第九宮）之前，遷移宮（第七宮）之後。因此非常明顯的，一個人出外（走出自己的世界），與他人相處，就能交到朋友，有了朋友，才有事業。更進一步的說，與他人相處的方式，就是事業成功的前題。

僕役宮包括的範圍很廣，舉凡與自己同輩以下的人的相處關係，都可從僕役宮中窺出端霓。例如同輩、相近年紀的朋友、比自己年紀小的朋友、部屬、同事、合夥人、替自己工作的人、僕人等等，你與上述這些人的關係都可從僕役宮中觀察出你與他們的相處之道。甚至或是你在路上隨便結識到一個從不曾相識的人，或者是在路上問路所遇到的年紀相仿的路人，彼此一剎那間接觸的關係，也都存在於僕役宮之中。

僕役宮好的人，例如有『太陽居旺、天梁居旺、天相居旺、天同居旺、太陰居旺』的人，本身就可帶給朋友們許多快樂。在生活上是生氣蓬勃而有朝氣的人。朋友群中都是正派、熱心、體諒的好朋友。這個人，不但能得到朋友的向心力、眷戀，在朋友群中同時也是具有領導能力的人。凡事朋友會處處為他著想、為他賣命。只要他所提出來的要求，別人都會盡力為他達成。並且他在任何場合遇到屬於同輩或晚輩、同年紀或比他年紀小的人，都會受到尊重，不會出現難堪的場面的。這真是一個非常好的朋友運了。

具有這種優良朋友運的人，是最適合帶兵打仗的人，也適合做公司的負責人或高級的管理人才，更適合做民意代表，為民喉舌。或做國家的領導人，屬下和治下的百姓，就都會安居樂業，沒有紛爭了。

僕役宮不好的人，有非常多的情況發生，在此不再贅言，我將在後面介紹每一個命格所屬僕役宮的先天朋友運程中一一說明。

1 『紫微坐命』的人

『紫微坐命』的人

『紫微』單星坐命的人，一是坐命於子宮，僕役宮為『太陰陷落』。二是坐命午宮，僕役宮為『太陰居旺』。這兩者有很大的不同。

紫微坐命子、午宮

僕役宮 太陰(陷) 巳	貪狼(旺) 午	天同(陷) 巨門(陷) 未	武曲(得) 天相(廟) 申
廉貞(平) 天府(廟) 辰			太陽(平) 天梁(得) 酉
卯			七殺(廟) 戌
破軍(得) 寅	丑	命宮 紫微(平) 子	天機(平) 亥

天機(平) 巳	命宮 紫微(廟) 午	未	破軍(得) 申
七殺(廟) 辰			酉
太陽(廟) 天梁(廟) 卯			廉貞(平) 天府(廟) 戌
武曲(得) 天相(廟) 寅	天同(陷) 巨門(陷) 丑	貪狼(旺) 子	僕役宮 太陰(廟) 亥

『紫微坐命』子宮的人，僕役宮是『太陰』在巳宮居陷的。因此『紫微坐命』子宮的人會擁有很多窮朋友，彼此常因錢財問題弄得不愉快。並且，『紫微坐命』子宮的人，和女性的關係尤其差。無法得到女性朋友及屬下的支持。在家中也會和姐妹感情不佳，不來往或相互拖累的狀況發生。

『紫微坐命』午宮的人，僕役宮居亥宮，有『太陰』居旺位。這就是一種非常柔美、和諧的朋友運了。朋友不但為『紫微坐命』午宮的人帶來財利，並且相處和諧、彼此體貼、感情融洽。『紫微坐命』午宮的人，不但與女性朋友和部屬相處較好，在家中與姐妹的關係更是親愛精誠。女性也會在『紫微坐命』午宮的人的人生中，扮演重要的角色，無論在生活、工作、事業、財富上，都是具有主導與舉足輕重的。

『紫微』五行屬土。『紫微坐命』的人本身的性格上包含土的性質，那就是內斂、含蓄、保守、固執、猶疑不決但卻不顯示出來。性格強勢、自傲，具有桃花，但必須別人先表示出來，『紫微坐命』的人再考慮是否接受。

壬年生，命格中有『紫微化權』的人，和戊年生，僕役宮中有『太陰化權』的人，在其人的性格上，尤其是高高在上，唯我獨尊，不會接受別人的意見、主觀意識極強。對朋友的選擇上，也份外挑剔。擇友條件一定是身份地位、學經歷可以和他匹配或分庭抗禮的人，才會列入朋友之列。在一般的交往中，真是做到君子之交『淡如水』了。他絕不會輕易向別人表示親切，或輕易邀請初識不熟的朋友回家聊天的。因為他們也不會輕易的吐露自己的心聲。這種含蓄的作風，讓別人對他的感觀是深沈、不易接近的。但是有一種例外。那就是『紫微坐命』的人，對女人的防備比較不嚴，常因桃花事件而惹風波。

尤其是『紫微坐命』子宮的人，僕役宮為『太陰陷落』。他們愛惹女人，自以為有女人緣，卻常因女人招災。**美國前總統柯林頓就是『紫微坐命』子宮的人，**誹聞事件幾乎讓他垮台，就是一個最好的例子。

『紫微坐命』午宮的人，只要不是乙年生的人，僕役宮的『太陰』沒有『化忌』，也最好沒有『陀羅』在僕役宮，一生就不會招惹女人麻煩了。

『太陰星』在僕役宮出現的時候，顯示此人在交友方面是喜歡溫和又善解人意的朋友，他們重視對方感情表達能力。希望對方是以溫暖的、重情意的方式，有仰慕之情的方式來與自己做朋友。他們也很重視小節和細節的問題。太粗枝大葉的人，是不受他們歡迎的。但是寬容的、不計較他人過失的人，卻也是最讓他們依賴的人。同時他們也注意朋友的穿著、舉止是否優雅？來往的人是否高貴等的細節問題。因此你要與此等人交往，雖然他們自身有一些問題，但他卻希望你是正派的，也不會在行為上有瑕疵的人。

改善因僕役宮帶來困擾的方法：

『紫微坐命』子宮的人，僕役宮的『太陰』是居陷，同時在整個命局中，『太陽』也是居平陷的，不但與女人的關係不太好，就是與男人的關係也不算好，非常平淡，而沒有交情。在這種狀況下，只有做自我努力，提昇自己的品德、操守，不要貪便宜、貪色，再多留意流年僕役宮的變化，節制自愛，可保一世平安。

『紫府坐命』的人

『紫微、天府』坐命宮的人。一種是坐命於寅宮。一種是坐命於申宮。但不論是坐命寅宮或申宮，你們的朋友宮（僕役宮）都是『天梁居旺』入座。這是一種非常好的朋友運。在你的朋友中多半是年紀比你年長，身份、地位比你還高尚的人，他們會對你提拔、付出關愛和照顧。**也可以說：**你的一切，包括事業、財富、人生的走向，都深深受貴人的影響和幫助的狀況。這種狀況常是受一般人艷羨和嫉妒。

紫府坐命寅、申宮

巨門(旺) 巳	廉貞(平) 天相(廟) 午	僕役宮 **天梁**(旺) 未	七殺(廟) 申
貪狼(廟) 辰			天同(平) 酉
太陰(陷) 卯			武曲(廟) 戌
命宮 **紫微**(旺) **天府**(廟) 寅	天機(陷) 丑	破軍(廟) 子	太陽(陷) 亥

太陽(旺) 巳	破軍(廟) 午	天機(陷) 未	命宮 **紫微**(旺) **天府**(得) 申
武曲(廟) 辰			太陰(旺) 酉
天同(平) 卯			貪狼(廟) 戌
七殺(廟) 寅	僕役宮 **天梁**(旺) 丑	廉貞(平) 天相(廟) 子	巨門(旺) 亥

『紫府坐命』的人，多半在幼年時代，不是家中出現問題，亦或是身體不佳。及長，都有非常好的暴發運和貴人運，學習能力非常強。

交友發財術

本身的性格溫和、內斂、自我約束、控制力非常強、做事中規中矩、一板一眼、有極度的上進心、外表是正派、體面、可愛，俊俏、乖巧的典型。因此會得到年紀長的貴人疼惜、幫助。

『紫府坐命』的人，財帛宮正坐『武貪格』暴發運上，七年一次的暴發運，想不發財致富都很難。基本上說『紫府坐命』的人，沒有不富的，很重視物質生活，為人也稍具一點視利色彩。但你若是正派的人，品行端正，他們還是會很敬重你，樂於與你結交的。

『天梁星』居旺在僕役宮出現的時候，顯示此人在交友方面有自己特殊固執的看法。這個朋友一定得是益友，不能是損友。不論你是在品行、知識、做人、做事上，亦或是在錢財上讓他覺得沒有益處，或是讓他感覺到損失，他都會斷然拒絕來往了。**有『天梁星居旺』在僕役宮的人，**最討厭愛佔小便宜的人，也最討厭別人是非不清、錢財不清、借錢不還。倘若有人與他有上列狀況發生，再見面時，冷淡的招呼雖然會打，但別想再與他有銀錢往來的機會。從此這個人在他的心目中也算是人格打折扣的人。

由於上述的觀點，因此有『天梁星居旺』在僕役宮的人，多半會選擇知識水準比自己高，會教導幫助自己的朋友。也會選擇身份、地位較高的朋友，或是屬於年長型長輩級的人做朋友。也正因為如此，他們在追求財富與事業時，會得到經驗豐富老到的人來指點，並給予強大的支持力量。因此他們財富之多、事業之發達，是無人能比的。

我就親眼見過一位『紫府坐命』的女士，只讀過國中一年級，卻因在偶然的機會中認識日本國際型企業的大老闆，而在他的手下被訓練成一位女強人。而目前這位女士的財富也無法計數了。

『紫府坐命』的人，因為財富日益增多之後，地位也相繼提升。

其人本身原本就小心謹慎，當然對朋友的選擇更是不遺餘力，會品論等級的。因此要成為『紫府坐命』的朋友，首先就必須心純意正、不能有貪念，以及不能有輕浮的言行。最好還有體面的衣著和智慧的頭腦，以及卓然有成的事業地位，那你一定能很快的成為他們最好的朋友了！

『紫貪坐命』的人

『紫微、貪狼坐命』宮的人，不論是『紫貪坐命』卯宮，或是『紫貪坐命』酉宮，僕役宮都是『空宮』的型態。

倘若『紫貪坐命』卯宮的人，生於寅時，朋友宮中會有『文昌星』。而生於辰時，朋友宮中會有『文曲星』。而居於申宮的『文昌、文曲』二星都居於得地之位。

紫貪坐命卯、酉宮

天相(得) 巳	天梁(廟) 午	廉貞(平) 七殺(廟) 未	僕役宮 申
巨門(陷) 辰			酉
命宮 紫微(旺) 貪狼(平) 卯			天同(平) 戌
天機(得) 太陰(旺) 寅	天府(廟) 丑	太陽(陷) 子	武曲(平) 破軍(平) 亥

武曲(平) 破軍(平) 巳	太陽(旺) 午	天府(廟) 未	天機(得) 太陰(平) 申
天同(平) 辰			命宮 紫微(旺) 貪狼(平) 酉
卯			巨門(陷) 戌
僕役宮 寅	廉貞(平) 七殺(廟) 丑	天梁(廟) 子	天相(得) 亥

倘若『紫貪坐命』酉宮的人，生於申時，朋友宮中會有『文昌星』。而生於戌時的人，朋友宮中會有『文曲星』。『文昌、文曲』居於寅宮在朋友宮時，是居平陷之地的。

『紫貪坐命』的人，朋友宮中的『文昌星』居得地之位時，朋友尚稱體面，有文質、溫和的外貌，並且也有文化氣息。彼此相處的狀況是文雅、和諧的。朋友宮中的『文曲星』居平陷之位時，來往的朋友文化水平不高。朋友的素質多半比自己還低。雖然自己可以在朋友中鶴立雞群，但是朋友無力，彼此往來也不熱烈。

『紫貪坐命』的人，僕役宮中有『左輔、右弼』時，朋友對他都非常熱心，能得到很好的幫手，這些朋友也一定是平輩或晚輩的人。此人也能形成很好的領導力量，能帶兵、做高階主管，升官發財。

『紫貪坐命』的人，若有『祿存』進入僕役宮的時候，其人有保守心態，不太相信別人，喜歡獨力完成工作，不太喜歡與人有較深的交往關係。

『紫貪坐命』的人，若有『陀羅、火星、鈴星』進入僕役宮時，其人的朋友運很不好。常常會交往到性格火暴、頑烈的朋友。彼此會用陰險或是以暴制暴的方式相對待。有『陀羅星』在僕役宮時，朋友都很笨（比『紫貪坐命』的人笨），又頑固、又不聽勸，根本無法溝通。有『火星、鈴星』在僕役宮時，朋友都性格衝動，講話很衝，沒有禮貌。

直來直往，彼此也常發生不愉快的事情。

在紫微命理中，任何一個宮位為『空宮』，都是因緣不強的。『空宮』出現在事業宮，事業即不強。『空宮』出現在人緣的宮位，人緣即不強，尤其如果是有『文昌、文曲、左輔、右弼』，這些時系、月系星出現，力道也不足。只有『擎羊、陀羅』出現在『空宮』中，力道是強了，卻因為是『煞星』，有凶狠的特質，非常不吉。

『紫貪坐命』卯宮的人，僕役宮在申宮。『紫貪坐命』酉宮的人，僕役宮在寅宮。『擎羊星』不會出現在寅、申、巳、亥四宮，因此在這裡沒有論及『擎羊』出現在僕役宮時。

『紫貪坐命』的人，是外表俊秀、身材挺拔，堂堂一表人才的人。他們的性格很急躁、速度很快，思想與動作都快，因此常會嫌別人笨。但是他們常常頭腦與言語的速度不一致，頭腦中想到了，話卻說了一半，含糊過去了，後來又來怪別人笨。因此若不能常常細心去猜他們心中所要講的話意，便無法與他們做好朋友了。也因為能體察他們心意的人太少了，所以在交友的環境裡，只能拘限於初次見面的好印象罷了，是沒辦法深交的。

還有一點，命宮中有『貪狼星』的人，又很害怕別人會探知他心中的秘密，懷疑別人。也防範別人多一點，因此他們也不會與人太接近。他們只是表面上看起來人緣很好，也可以在大眾之前做一個穿梭的花蝴蝶，但是他們從來沒有知己、知心的朋友，也拒絕有知己存在。

交友發財術

『紫相坐命』的人

『紫微、天相』坐命的人，僕役宮也是『空宮』。『紫相坐命』辰宮的人，僕役宮在酉宮。『紫相坐命』戌宮的人，僕役宮在卯宮。

紫相坐命辰、戌宮

天梁(陷) 巳	七殺(旺) 午	未	廉貞(廟) 申
命宮 紫微(得) 天相(得) 辰			僕役宮 酉
天機(旺) 巨門(廟) 卯			破軍(旺) 戌
貪狼(平) 寅	太陽(陷) 太陰(廟) 丑	武曲(旺) 天府(廟) 子	天同(廟) 亥

天同(廟) 巳	武曲(旺) 天府(旺) 午	太陽(得) 太陰(陷) 未	貪狼(平) 申
破軍(旺) 辰			天機(旺) 巨門(廟) 酉
僕役宮 卯			命宮 紫微(得) 天相(得) 戌
廉貞(廟) 寅	丑	七殺(旺) 子	天梁(陷) 亥

『紫相坐命』辰宮的人，若有『文昌、文曲』進入僕役宮時，『昌曲』在酉宮是居廟旺之位的，會具有文化氣息高，非常有才藝的朋友群。並且這些朋友也是知識、地位、財富都很不錯的階層。彼此也相處融洽和諧，對待方式是溫暖而注重禮節，來往正派，極具智慧的方式。

『紫相坐命』戌宮的人，生於未時的人，有『文昌』進入僕役宮，『文昌居平』位，所以來往的朋友中，倒還算溫和、紛爭少。但是朋友的層次並不高，只是一般中下階級地位的人。生於亥時的人，有『文曲星』進入僕役宮，『文曲』是居旺位的，因此這個命格的人，會有熱鬧愛說話的朋友群，朋友的才藝、表演能力都很強，一見面就彼此笑鬧不停，非常快樂。他們也常呼朋引伴彼此作樂，算是不錯的朋友運了。

『紫相坐命』的人，有『左輔、右弼』進入僕役宮時，都會有不錯的朋友運，有得力助手，朋友彼此互相幫助，其樂融融。

『紫相坐命』的人，有『羊、陀、火、鈴』在僕役宮時，常與人發生衝突，性格比較閉塞，無法與人有好的開始，當然也沒法進入交友狀況。他們的運氣很不好，常遇小人，也常遇到性格和思想完全不一樣的人。也常受到別人的暗害，更增加了他對人際關係的不信任與灰心。

『紫相坐命』的人，是技術格的人，通常具備特殊的職業技術。但是由於本身命宮坐在辰、戌宮，辰戌宮為天羅地網宮，因此會有煩悶，欲衝出牢籠的掙扎。他們對別人的要求較多，希望別人能主動的關愛他、瞭解他。常常他們對於自己胸中的煩悶無法排解，而亂發脾氣。又不願向人訴說，因此看來脾氣好像有些怪。只要有人有耐心，為他舒解心中鬱悶，聽他訴訴苦，『紫相坐命』的人也會很天真的倒向這個朋友的身旁，做朋友的忠誠朋友了。

『紫破坐命』的人

『紫微、破軍』坐命的人，無論是坐命丑宮，或是坐命未宮，其僕役宮都是『巨門居旺』的。

紫破坐命丑、未宮

巳	午	未	申
廉貞(陷) 貪狼(陷) 巳	僕役宮 巨門(旺) 午	天相(得) 未	天同(旺) 天梁(陷) 申
太陰(陷) 辰			武曲(平) 七殺(旺) 酉
天府(得) 卯			太陽(陷) 戌
寅	命宮 紫微(廟) 破軍(旺) 丑	天機(廟) 子	亥

巳	午	未	申
巳	天機(廟) 午	命宮 紫微(廟) 破軍(旺) 未	申
太陽(旺) 辰			天府(旺) 酉
武曲(平) 七殺(旺) 卯			太陰(旺) 戌
天同(平) 天梁(廟) 寅	天相(廟) 丑	僕役宮 巨門(旺) 子	廉貞(陷) 貪狼(陷) 亥

『巨門星』出現在僕役宮中的時候，表示朋友之間的是非很多。時常有爭執。『巨門居旺』位時，情況是吵吵鬧鬧，分分合合。朋友彼此互相不信任，疑神疑鬼。也喜歡彼此散播謠言、是非。其本人雖然身受其害、痛恨無比，但依然照樣畫葫蘆，自己又把是非謠言再散播出去，希望以其人之道還治其身。這種心態，使原本已不太真誠的友誼又更出現詭異的變化。**當僕役宮是『巨門居旺』時，**有時也可因某一方妥

協了，而讓是非混亂有所收場。『**巨門居陷**』**時，**陰險鬥狠，爭權奪利的事情就常發生。

『**紫破坐命**』**的人，**相貌還蠻體面的，肩寬背厚，看起來很有擔當的樣子。說話又很阿莎力（慷慨大方）。但實際上他們很容易懷疑別人的用心和誠心，因為據他們自己說，他們不相信天下真有那麼心誠意正的人，就連他們自己也沒辦法做到的事，怎麼可能有人會做到呢？**但是『紫破坐命』的人，**還是常常要求朋友們要拿出誠意來，至少要表現出誠意，既不相信，卻又要別人這麼做，所以常處於自欺欺人的境地。也因此，『紫破坐命』的人也常上當受騙。

『**紫破坐命』的人，沒辦法辨清正派人與邪派人之間的差異，**主要是因為在性格上又常常認同某些不守常道的事件和人物所致。他們顯示感情傾向的夫妻宮，宮位是『空宮』，卻有『廉貪相照』，屬於內在淫邪的感情模式，從這種感情模式的出發點來談與人相交的人際關係，當然不會好到那裡去。吃喝嫖賭的事，他們是最喜歡的了，你若是他的同好，自然可以愉快交往。太正派的人，或太一本正經的人，在他看來是怪物，怎會不心存懷疑呢？天下怎麼可能有聖人呢？這就是他們心中的看法。

稍微正派一點的『紫破坐命』的人，對於吃喝也是講究的，因此他們的朋友，多半是酒肉朋友。『紫破坐命』者又多處於勞工階級，在這樣的生活環境中，擁有如此的朋友運，是非常合理，也是可以理解的了。

『紫殺坐命』的人

『紫微、七殺』坐命的人，僕役宮都是『空宮』，有『機梁相照』。

紫殺坐命巳、亥宮

命宮 紫微(旺) 七殺(平) 巳	午	未	申
天機(平) 天梁(廟) 辰			廉貞(平) 破軍(陷) 酉
天相(陷) 卯			僕役宮 戌
太陽(旺) 巨門(廟) 寅	武曲(廟) 貪狼(廟) 丑	天同(旺) 太陰(廟) 子	天府(得) 亥

天府(得) 巳	天同(陷) 太陰(平) 午	武曲(廟) 貪狼(廟) 未	太陽(得) 巨門(廟) 申
僕役宮 辰			天相(陷) 酉
廉貞(平) 破軍(陷) 卯			天機(平) 天梁(廟) 戌
寅	丑	子	命宮 紫微(旺) 七殺(平) 亥

『紫殺坐命』亥宮的人，僕役宮在辰宮，倘若有『文昌、文曲、左輔、左弼』等星進入時，再加上對宮相照的『天機、天梁』，會有不錯的朋友運。但是不可是乙、丙、戊、辛、壬生的人，因為會有『羊、陀』出現在辰、戌宮，而影響了朋友運。戊年生的人，有『天機化忌』相照僕役宮，縱使僕役宮中有六吉星出現，仍是不吉。

『紫殺坐命』巳宮的人，僕役宮在戌宮，縱使僕役宮有『昌、

交友發財術

曲』進入，『昌、曲』在戌宮居陷，朋友的素質仍然不高，只會是一般沒有文化的小市民階級。相處狀況是一種斤斤計較的狀況。

『紫殺坐命』的人，凡是有『羊、陀、火、鈴』進入僕役宮的人，都是不好的朋友運。朋友中多會有陰險、又愛自作聰明的朋友，既無法互相幫助，又時有危機伺伏，是非常麻煩的事。有『羊、陀』在僕役宮的人，朋友中多是做與鐵器、刀械、凶器、屠宰業、金屬、有競爭激烈型有關行業的朋友，脾氣很堅硬、剛強、陰險、凶暴，必須小心。有『火、鈴』在僕役宮的人，朋友也多是粗暴類型急躁的人，也要小心。

『紫殺坐命』的人，性格強硬，很能在工作上打拼，只要命宮中沒有『陀羅、火、鈴』，就會是一個正派的人。他們的職業類型分佈很廣泛、各行各業中都會出現，有做民意代表的，有做藝術家、音樂家、畫家、也有做小老闆、證券業、金融業、工廠、軍人各類型的職業。他們的個性冷靜，心情好時，很健談。心情不佳不愛理人。通常他們是做事一板一眼、勇於負責的人。但若碰到談不來的人，便不肯配合了。

『紫殺坐命』者的朋友運，無論如何都不算很好，他們也常給人冷淡、剛硬、頑固的感覺。這主要是因為『紫微』五行屬土，『七殺』五行屬金，金被土埋的結果。

『紫殺坐命』的人，並不擅於表達感情，他們的家庭運不錯，雖然脾氣固執又硬，但父母、兄弟、配偶、子女都還能相處融洽，因此他們對朋友的依賴不高，也對家庭以外的成員不抱有信心。只相信家庭中有血緣關係的力量。因此他們對朋友的態度並不那麼熱烈，只是淡然相處而已。你若要與『紫殺坐命』的人做朋友，最好是先認識他的家人，彼此熟悉以後，他就很好講話了。

2 『天機坐命』的人

『天機單星』坐命，因坐命宮位不同，有六種不同的型式。例如有『天機坐命』於子宮或午宮的人。『天機坐命』丑宮或未宮的人。『天機坐命』巳宮或亥宮的人等六種。

『天機坐命』子、午宮的人

『天機坐命』子宮的人，僕役宮在巳宮，有『廉貪』俱陷落入宮。**『天機坐命』午宮的人，**僕役宮在亥宮，也是『廉貪』皆居陷位。

『天機坐命』子宮和午宮的人，朋友運都非常之差。有『廉貞、貪狼』同在僕役宮的人，**『廉貞陷落』代表智慧謀略不足，**但卻喜歡搞怪，因此傾向邪佞之事。**『貪狼居陷』，代表人緣欠佳、才藝欠佳、智慧與速度感都欠佳。**當這兩個陷落的星都同處於僕役宮時，顯示出此人的周圍根本無法出現正派的、有道德感的朋友，即使有正派的、品行端正的人在他們的身旁，他們也看不見、也不會尊重別人。因此失去交到好朋友的機會。反而和邪佞的、沒有道德標準的人走得很近。

天機坐命子、午宮

僕役宮 廉貞(陷) 貪狼(陷) 巳	巨門(旺) 午	天相(得) 未	天同(旺) 天梁(陷) 申
太陰(陷) 辰			武曲(平) 七殺(旺) 酉
天府(得) 卯			太陽(陷) 戌
寅	紫微(廟) 破軍(旺) 丑	命宮 天機(廟) 子	亥

巳	命宮 天機(廟) 午	紫微(廟) 破軍(旺) 未	申
太陽(旺) 辰			天府(旺) 酉
武曲(平) 七殺(旺) 卯			太陰(旺) 戌
天同(平) 天梁(廟) 寅	天相(廟) 丑	巨門(旺) 子	僕役宮 廉貞(陷) 貪狼(陷) 亥

『天機坐命』的人，都非常的聰明，性格太善變，總覺得別人一定會和他一樣的善變，因此對人常存懷疑之心。同時他們也總覺得世界多變，常與人吵翻了，也覺得沒什麼了不起，隨便道個歉，就可以挽回了，因此常把人際關係中的友誼當作可玩弄之事。

『天機坐命』子、午宮的人，聰明總被聰明誤。正派人、正直有道德涵養的人，是不屑與他們為伍的。因此他們總被邪佞的小人所欺騙，卻始終逃不出這種壞朋友的輪迴之中。當然他們會對朋友沒信心，但是若無法改變自己的觀念和惡習，就會一直處在壞朋友運中受騙、吃虧、被倒債、被牽累中過一生的了。

『天機坐命』丑、未宮的人

天機坐命丑、未宮

巨門 旺 巳	僕役宮 廉貞 平 天相 廟 午	天梁 旺 未	七殺 廟 申
貪狼 廟 辰			天同 平 酉
太陰 陷 卯			武曲 廟 戌
紫微 旺 天府 廟 寅	命宮 天機 陷 丑	破軍 廟 子	太陽 陷 亥

太陽 旺 巳	破軍 廟 午	命宮 天機 陷 未	紫微 旺 天府 得 申
武曲 廟 辰			太陰 旺 酉
天同 平 卯			貪狼 廟 戌
七殺 廟 寅	天梁 旺 丑	僕役宮 廉貞 平 天相 廟 子	巨門 旺 亥

『天機坐命』丑宮或未宮的人，本身命宮雖居陷，那只是體型身高較矮小一點，聰明度也許不如命宮居旺的人高，但是他們的僕役宮在午宮和子宮，有『廉貞、天相』入宮。這算是不錯的朋友運。

『天機坐命』丑、未宮的人，要比坐命子、午宮的頭腦清楚多

了。也比較喜歡正派一點的人。他們會有勤勞、負責、肯體諒人的朋友，雖然朋友也多半是不算太精明的人，可是為人正直、有分寸、溫和守禮。『天機坐命』丑、未宮的人，與朋友相處和諧融洽，也能得到朋友的尊敬與幫助，是非常圓滿的朋友運。

『天機坐命』巳、亥宮的人

天機坐命巳、亥宮

命宮 天機(平) 巳	紫微(廟) 午	未	破軍(得) 申
七殺(廟) 辰			酉
太陽(廟) 天梁(廟) 卯			僕役宮 廉貞(平) 天府(廟) 戌
武曲(得) 天相(廟) 寅	天同(陷) 巨門(陷) 丑	貪狼(旺) 子	太陰(廟) 亥

太陰(陷) 巳	貪狼(旺) 午	天同(陷) 巨門(陷) 未	武曲(得) 天相(廟) 申
僕役宮 廉貞(平) 天府(廟) 辰			太陽(平) 天梁(得) 酉
卯			七殺(廟) 戌
破軍(得) 寅	丑	紫微(平) 子	命宮 天機(平) 亥

『天機坐命』巳宮的人，和『天機坐命』亥宮的人，僕役宮中都是『廉貞、天府』入宮。這顯示『天機坐命』巳、亥宮的人，非常擅於交際，朋友關係圓融。雖然他們的朋友沒有他們聰明、精明，但是這些朋友在經濟條件上都很富裕，為人正派，彼此常合作無間，可共同創造富裕、和諧的生活，因此這種朋友運，是十分讓人艷羨的。

『機陰坐命』的人

『天機、太陰』坐命的人，僕役宮都是『廉貞、七殺』入宮。

『廉貞居平、七殺居廟』的狀況。顯示出此人的朋友中都是不太肯用智慧（智慧不足），性情卻有些凶暴的人。朋友的氣勢都很強悍，不太肯用言談解釋的方式討論問題，而很容易落入一味的蠻幹的模式處理問題。

交友發財術

機陰坐命寅、申宮

巳	午	未	申
天相(得)	天梁(廟)	僕役宮 **廉貞**(平) **七殺**(廟)	
辰 巨門(陷)			酉
卯 紫微(旺) 貪狼(平)			戌 天同(平)
寅 命宮 **天機**(得) **太陰**(旺)	丑 天府(廟)	子 太陽(陷)	亥 武曲(平) 破軍(平)

巳	午	未	申
武曲(平) 破軍(平)	太陽(旺)	天府(廟)	命宮 **天機**(得) **太陰**(平)
辰 天同(平)			酉 紫微(旺) 貪狼(平)
卯			戌 巨門(陷)
寅	丑 僕役宮 **廉貞**(平) **七殺**(廟)	子 天梁(廟)	亥 天相(得)

『機陰坐命』的人，是非常聰明、敏感的人，他很能感覺到朋友群中多半是固執、很難講話的人類，因此他也會與他們保持適當的距離或閃躲他們。

『機陰坐命』寅宮的人，因命宮中的『太陰居旺』的關係，他們比較傾向與女性保持良好的關係。只要沒有『化忌』和『陀羅』在命宮的人，這種和女性關係良好的理想，是可以達成並保存的。但是命盤中的『太陽居陷』，因此和男性朋友的關係就不夠明朗化了。在『機陰坐命』寅宮的命格中的男性，有一小部份人也很容易形成同性戀中女性的角色。這就是『太陽居陷』，又處於夫妻宮的關係使然。

『機陰坐命』申宮的人，命宮中的『太陰居陷』，命格中所帶的財較少，和女性的關係也不和諧，但是命盤中的『太陽』是居旺的，他們反而和男性朋友，有和諧的關係。此命格的人最怕命宮中有『化忌星』出現。無論是『天機化忌』或是『太陰化忌』，一生的是非糾纏，心情不清爽、鬱悶，思想扭曲、是非不清、煩惱，也容易自殺，都是不吉的命格。

『機陰坐命』的人，不論是和女人、男人相處好壞，在基本性格中，都具有女人緣。又因為『太陰』是月亮，受太陽光反射而顯露光芒。『日月』互相吸引，『機陰坐命』的人，是會受『太陽坐命』的人

（無論男女）所吸引的。也會被男性（陽剛氣）所吸引。因此他們會一味的傾向討好上述這兩種特性的人。

但是他們的僕役宮又是『廉殺』。因此『機陰坐命』的人，始終對朋友是處在矛盾的情結裡。又受吸引，又怕他們，情緒變化很大，忽冷忽熱的情感表達方式，讓人捉摸不定。這就是他們無法真正掌握及享受良好朋友運的原因。反而覺得朋友們對他有點太不通情理、太嚴肅、太凶了，忽冷忽熱的相處之道，就繼續保持下去了。

『機巨坐命』的人

『機巨坐命』的人，僕役宮中都是『廉貞居廟』入宮。

當有『廉貞星居廟』入僕役宮的時候，朋友中多半都是具有智慧、謀略的人，也許就是因為朋友和屬下都是一些能幹的精英角色，對『機巨坐命』的人來說，也形成競爭的壓力。

機巨坐命卯、酉宮

天梁(陷) 巳	七殺(旺) 午	未	僕役宮 廉貞(廟) 申
紫微(得) 天相(得) 辰			酉
命宮 天機(旺) 巨門(廟) 卯			破軍(旺) 戌
貪狼(平) 寅	太陽(陷) 太陰(廟) 丑	武曲(旺) 天府(廟) 子	天同(廟) 亥

天同(廟) 巳	武曲(旺) 天府(旺) 午	太陽(得) 太陰(陷) 未	貪狼(平) 申
破軍(旺) 辰			命宮 天機(旺) 巨門(廟) 酉
卯			紫微(得) 天相(得) 戌
僕役宮 廉貞(廟) 寅	丑	七殺(旺) 子	天梁(陷) 亥

『機巨坐命』的人，是智慧、學識都很高的人，一部份會在學術機構中做事，具有學術地位。另一種人會做軍警職，會做領導階級地位的人。**先總統蔣公就是『機巨坐命』卯宮的人。小說家張愛玲也是『機巨坐命』卯宮的人。**

先總統蔣公 命盤

<table>
<tr>
<td>福德宮
天梁 陀羅 鈴星 天刑
《身宮》
乙巳</td>
<td>田宅宮
七殺 祿存 地劫
丙午</td>
<td>官祿宮
擎羊
丁未</td>
<td>僕役宮
廉貞 天馬
戊申</td>
</tr>
<tr>
<td>父母宮
紫微 天相 火星 天空
甲辰</td>
<td colspan="2" rowspan="2">陰男
丁亥 庚戌 己巳 辛未

金四局</td>
<td>遷移宮
天鉞 天姚
己酉</td>
</tr>
<tr>
<td>命宮
天機化科 巨門化忌 文昌
癸卯</td>
<td>疾厄宮
破軍 陰煞
庚戌</td>
</tr>
<tr>
<td>兄弟宮
貪狼 右弼
壬寅</td>
<td>夫妻宮
太陽 太陰化祿 台輔
癸丑</td>
<td>子女宮
武曲 天府 左輔
壬子</td>
<td>財帛宮
天同化權 天魁 文曲
辛亥</td>
</tr>
</table>

『機巨坐命』的人，本身性格就很陰沈，思想速度快、善變、口才好，很會把握時機說話，也很會看人、用人。相對的，周邊的朋友和部屬都會是很會看眼色做事的人，也都會是心機深沈、城府很深的人。並且他的朋友部屬也一定會是精明強幹，善於部屬策劃、能暗中幫他執行任務的人。有這樣的朋友運，又在朋友與部屬的敦促之下，想不成大事也不可能的了。

一般來說，『機巨坐命』的人，給人的感覺中，好像人緣並不十分好。有些冷傲與孤獨，這是對一般不熟悉的人，他們所表現出的態度。實際上，要等到他們瞭解認識到你的專業背景和他們有共通點，並且要顯露出你的才華，他們才會對你刮目相看。對於笨的人、智慧才智不高的人，他們是不屑一顧的。也不會多和這種人搭訕，以免浪費口舌。就算是你是他的仰慕者，他也是用這種冷傲漠視的態度來對待。

『機梁坐命』的人

機梁坐命辰、戌宮

紫微(旺) 七殺(平) 巳	午	未	申
命宮 天機(平) 天梁(廟) 辰			僕役宮 廉貞(平) 破軍(陷) 酉
天相(陷) 卯			戌
太陽(旺) 巨門(廟) 寅	武曲(廟) 貪狼(廟) 丑	天同(旺) 太陰(廟) 子	天府(得) 亥

天府(得) 巳	天同(陷) 太陰(平) 午	武曲(廟) 貪狼(廟) 未	太陽(得) 巨門(廟) 申
辰			天相(陷) 酉
僕役宮 廉貞(平) 破軍(陷) 卯			命宮 天機(平) 天梁(廟) 戌
寅	丑	子	紫微(旺) 七殺(平) 亥

『機梁坐命』的人，僕役宮中都是『廉貞、破軍』入宮。雙星皆居平陷之位。這是非常不佳的朋友運。

當『廉貞、破軍居平陷』之位入僕役宮的時候，顯示出朋友都是不學無術、智慧不高的污合之眾。這些既沒有學識，也沒有品德。相處方式也是在一種用盡一切方法，都是吃虧、破財、損耗非常多的狀況之下，常為了交朋友的事情生氣，卻又離不開這幫爛朋友。

『機梁坐命』的人，非常聰明，領悟力很高，並且有很多人命中都有天才星，智商是一流的人。但是卻有認人不清的問題。這也許是本身心態上因為聰明、敏感，而喜歡投機取巧之故。

『機梁坐命』的人，本命屬於『機月同梁』格，須要好好上班工作，領取固定的薪水。但是命盤格局中有『武貪格』暴發運，不論他們的『武貪格』是否會成為破格，『機梁坐命』的人都熱衷於偏財運。『天機、天梁』皆不屬財星，本命不是財星，因此在一生中的財富等級是中等以下的格局。但是他們偏偏不信邪，到處追求賺錢的方法，因此小人、邪佞之士趁機而入，成為他們最好的朋友。往往是錢還沒賺到手，倒是破財不少。

『機梁坐命』的人，僕役宮是『廉破』，不但常會被倒會、倒帳，並且還有被綁架勒索的可能。流年運不佳的時候，受到朋友的牽累、傷害在所難免。尤其再有『擎羊星』出現在僕役宮時，被朋友設計殺害，謀財害命的事，都會發生，是不得不防的。

3 『太陽坐命』的人

『太陽』單星坐命時，會有坐命於子宮、午宮、辰宮、戌宮、巳宮、亥宮六種不同坐命的人。

『太陽坐命』子、午宮的人

『太陽坐命』於子宮的人，和『太陽坐命』於午宮的人，僕役宮都是『天相居得地』之位。這是一種蠻不錯的朋友運。

太陽坐命子、午宮

僕役宮 天相(得) 巳	天梁(廟) 午	廉貞(平) 七殺(廟) 未	申
巨門(陷) 辰			酉
紫微(旺) 貪狼(平) 卯			天同(平) 戌
天機(得) 太陰(旺) 寅	天府(廟) 丑	命宮 太陽(陷) 子	武曲(平) 破軍(平) 亥

武曲(平) 破軍(平) 巳	命宮 太陽(旺) 午	天府(廟) 未	天機(得) 太陰(平) 申
天同(平) 辰			紫微(旺) 貪狼(平) 酉
卯			巨門(陷) 戌
寅	廉貞(平) 七殺(廟) 丑	天梁(廟) 子	僕役宮 天相(得) 亥

當『天相居得地』之位入僕役宮時，『天相在得地』之位表示『天相星』的旺度在中等的級數，『天相』又是福星，性情溫和、守分寸、規規矩矩，是一顆正派的星曜。『天相』且有勤勞、負責、整齊的特質。

因此在『天相星』旺度高時入僕役宮的時候，此人都會擁有正派

交友發財術

規矩、守禮、外表長相體面、衣著整齊、性格溫和謙恭的好朋友。也因為『天相』有勤勉的特質，這些朋友會很賣力的為此人服務，熱心的為此人工作。而這個人本身也用這種態度對待朋友的。

『天相星』是顆雞婆星、公道星，服務熱心，又喜歡為人調停紛爭，做裁判、仲裁的工作。因此『太陽坐命』子、午宮的人，也會是人際關係的調節能手。

『太陽坐命』的人，本身的性格溫和、氣度寬宏，很能體諒與原諒別人的過失，從不與人計較，是個大而化之的人。就因為有這種開朗的性格，直來直往，沒有偏頗的顧忌，會得到很多人的敬愛。而且他們天生有一種吸引人的氣質，這也是太陽光所散發出來的光與熱，別人很容易受到吸引。因此他們的人緣都非常的好。尤其是『太陽坐命』午宮的人，『太陽居旺』位，更是朋友心嚮往之的好朋友人選。

交友發財術

『太陽坐命』子宮的人，因『太陽居陷』的關係，光芒內斂，比較喜歡躲在人後面，凡事也不愛出風頭。並且在男性團體中競爭力差。其人心情也常因此鬱悶，不夠開朗，但是寬宏的個性依然是存在的。依然是朋友們心中好朋友的人選。只是他們自己常不清楚、不確定罷了。

『太陽坐命』子、午宮的人，因天行健，穿梭不息，因此較操勞，也常會為朋友的事情操勞。若要講到領導力，則是『太陽坐命』午宮的人，天生具有領導力，是眾望所歸的人。『太陽坐命』子宮的人，愛隱，故領導力不足，常做朋友軍師之類的工作。

『太陽坐命』辰、戌宮的人

『太陽坐命』辰宮的人，和『太陽坐命』戌宮的人，僕役宮都是

『天府』。都有很好的朋友運。當『天府星』進入僕役宮時，『天府星』是財庫星，是從不會居陷位的。如此的狀況表示此人的交友能力很強。朋友中都是一些中規中矩、一板一眼、生活富足的人。這些人多半會是公務員或者是事業有成之人。他們正正經經的過日子，行為保守、正直、外表體面，值得敬重，雖然有一點小氣、現實和勢利，但這都是自我保護色彩。

太陽坐命辰、戌宮

巳	天機(廟) 午	紫微(廟) 破軍(旺) 未	申
命宮 **太陽**(旺) 辰			僕役宮 **天府**(旺) 酉
武曲(平) 七殺(旺) 卯			太陰(旺) 戌
天同(平) 天梁(廟) 寅	天相(廟) 丑	巨門(旺) 子	廉貞(陷) 貪狼(陷) 亥

廉貞(陷) 貪狼(陷) 巳	巨門(旺) 午	天相(得) 未	天同(旺) 天梁(陷) 申
太陰(陷) 辰			武曲(平) 七殺(旺) 酉
僕役宮 **天府**(得) 卯			命宮 **太陽**(陷) 戌
寅	紫微(廟) 破軍(旺) 丑	天機(廟) 子	亥

『太陽坐命』辰、戌宮的人的朋友群中多半是富足的中產階級，

對生活的品味較高，而且善於理財和經營自己的人生。他會把自己的朋友層次固定在一定的水準之內，不會去結交比自己經濟能力差，生活沒有自己好的人，同時也不見得要高攀比自己更富有的人。

『太陽坐命』辰宮的人，因『太陽居旺』的關係，一生的運程較順遂，少年便得志，青雲直上，沒有憂愁，加上僕役宮的『天府居旺』，朋友運又好，機會又好，因此一生快樂。

『太陽坐命』戌宮的人，心情稍悶，話也少，雖然朋友運不錯，但是一生的運程較差一點，並且僕役宮的『天府』在卯宮居得地之位（剛合格）。因此若認真的比較起來，『太陽坐命』戌宮的人的朋友運，又略差『太陽坐命』辰宮的人一疇了。

『太陽坐命』巳、亥宮的人

太陽坐命巳、亥宮

命宮 **太陽**(旺) 巳	破軍(廟) 午	天機(陷) 未	紫微(旺) 天府(得) 申
武曲(廟) 辰			太陰(旺) 酉
天同(平) 卯			僕役宮 **貪狼**(廟) 戌
七殺(廟) 寅	天梁(旺) 丑	廉貞(平) 天相(廟) 子	巨門(旺) 亥

巨門(旺) 巳	廉貞(平) 天相(廟) 午	天梁(旺) 未	七殺(廟) 申
僕役宮 **貪狼**(廟) 辰			天同(平) 酉
太陰(陷) 卯			武曲(廟) 戌
紫微(旺) 天府(廟) 寅	天機(陷) 丑	破軍(廟) 子	命宮 **太陽**(陷) 亥

『太陽坐命』巳宮的人，和『太陽坐命』亥宮的人，僕役宮都是『貪狼星』居廟旺。**『貪狼星』雖屬桃花星，有人緣好的特質。**但是『貪狼星』在六親宮出現時，都不佳。

當『貪狼星』出現在僕役宮時，顯示出此人在處理朋友關係上是潦草馬虎的。他很容易和人結交，也很容易認定別人是朋友了。但是對於經營友情很草率，並且常常在不經意的時候得罪人。因此他就常常處於莫名其妙的朋友就背叛了，或者是下屬就投向別的一方去了。

『太陽坐命』巳、亥宮的人，性格直爽，雖然他的性格寬宏，並不計較別人曾經背叛過他，仍然可以將對方納入朋友之列。但是因為他們周圍的是非多（其遷移宮是巨門），環境較複雜，自己常常又被捲入是非之中。所幸他們的個性開朗，生氣都不久，馬上就好了，所以朋友和屬下對他們並不是那麼尊重，常常反覆覆的分分合合，走了又來。久了，他們也習慣於這種朋友相處的模式，因此常受朋友的拖累和反叛。

不過，他們的暴發運『武貪格』正坐於僕役宮和兄弟宮的這組星曜中，朋友也常為他們帶來好運和機會，因此因朋友而起的喜喜悲悲就不盡可數了。

『日月坐命』丑、未宮的人

日月坐命丑、未宮

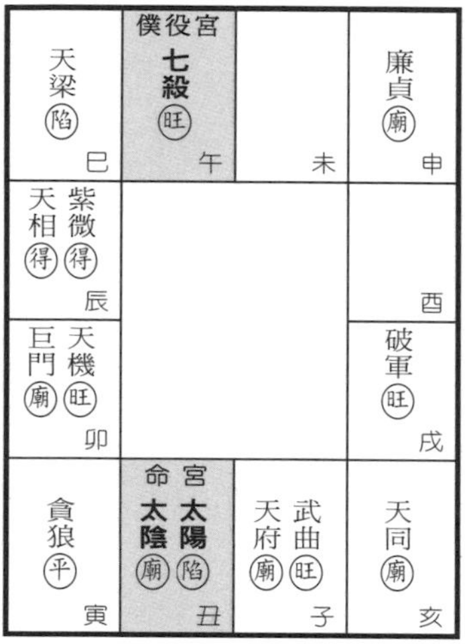

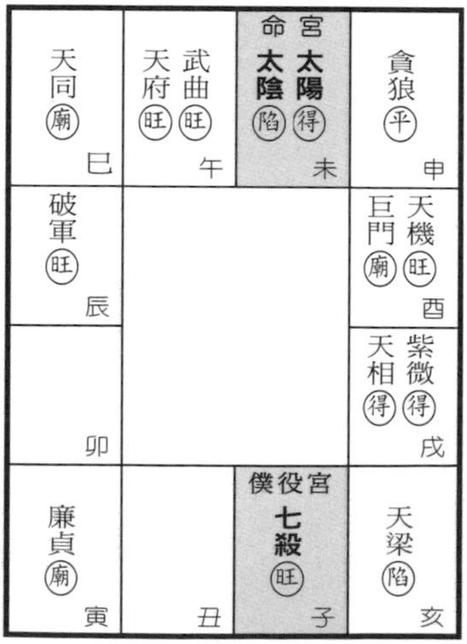

『日月坐命』的人，就是『太陽、太陰』坐命宮的人。其僕役宮中有『七殺居旺』入宮。

當『七殺』在僕役宮時，朋友運不好。顯示出其人的朋友性格粗暴強悍，也不太會尊重別人，一味的用權力、手段來壓制人，讓『日月坐命』的人有被欺凌的感覺。『日月坐命』的人，本命中有『太陽、太陰』兩顆星。『太陽』居旺的時候，『太陰』就陷落（命宮居未）。『太陰』居旺時，『太陽』就陷落（命宮居丑）。

因此，命宮居未宮的人，性格開朗一點。命格居丑宮的人，性格陰柔一點。其實『日月坐命』的人，性格多變，是有時開朗陽剛，有時又陰柔善感的，命宮所居的宮位不同，只是在感覺上有稍許傾向罷了。

『日月坐命』的人，性格與情緒都多變，常常拿不定主意，也常在情感與理智中搖擺不定，腳踏兩隻船。做人也是搖擺不定，有一點牆頭草的味道。他們的心情常處於矛盾之中，本身喜歡強而有勢的人為他們出主意，找方向，但又不見得會採納朋友的意見。因為性格懦弱，又善變。因此在別人摸清楚他這種個性之後，剛直正派的人，懶得和他糾纏。而小人便趁虛而強悍的欺侮他們了。

因此『日月坐命』的人，常會感覺到自己的朋友運氣為什麼那麼

不好，**常會遇到凶悍的人**。再加上領導能力差，常因懦弱怕事而沒有擔當，也會出現剛強欺主的部屬來奪權，或是使之破財嫁禍之事。在流年運不佳時，更要防朋友、同輩的人來暗害。若有『擎羊星』與『七殺』同在僕役宮，要小心流年運程不佳，被朋友綁架殺害的危險。

『陽巨坐命』寅、申宮的人

陽巨坐命寅、申宮

紫微(旺) 七殺(平) 巳	午	僕役宮 未	申
天機(平) 天梁(廟) 辰			廉貞(平) 破軍(陷) 酉
天相(陷) 卯			戌
命宮 **太陽**(旺) **巨門**(廟) 寅	武曲(廟) 貪狼(廟) 丑	天同(旺) 太陰(廟) 子	天府(得) 亥

天府(得) 巳	天同(陷) 太陰(平) 午	武曲(廟) 貪狼(廟) 未	命宮 **太陽**(得) **巨門**(廟) 申
辰			天相(陷) 酉
廉貞(平) 破軍(陷) 卯			天機(平) 天梁(廟) 戌
寅	僕役宮 丑	子	紫微(旺) 七殺(平) 亥

交友發財術

『太陽、巨門』坐命的人，無論是坐命寅宮或申宮，僕役宮都是『空宮』，有『武貪相照』的形式。

僕役宮是『空宮』都代表朋友運不強。又有『武貪相照』，這是不算好的朋友運。朋友中多半是性格剛強，只會在工作上或金錢上有來往，其他的時候很冷淡的關係中進行友誼。

當僕役宮中有『文昌、文曲』進入時，在丑宮，朋友群中不乏文化水準較高，外型較體面、俊俏的朋友。來往方式也較溫和、文質有禮，但依然彼此很冷淡。**在未宮時，**有『文昌星』在僕役宮的人，『文昌』在平陷之位，朋友的文化水準及精明度，智慧都較低，人也比較粗俗。有『文曲』是在僕役宮的人，會有愛說話較聒噪的朋友。這些人都是言不及義，言不由衷的人。

凡是僕役宮中有『昌、曲』進入，和對宮的『武貪相照』之後，

朋友中常會出現一些頭腦不清，是非不明的人。

當僕役宮中有『羊、陀、火、鈴』進入時，朋友的素質更低，彼此互害、拖累，沒有好的結果。

當僕役宮中有『左輔、右弼』入宮時，朋友之間相處的狀況雖冷淡，但有必要時，朋友仍會幫助你，反而朋友運較好。

『陽巨坐命』的人，一生是非多，愛逞口舌之快，雖然工作上都是以口才為職業類型，但性格散漫，並不重視朋友的類別。他們都有開朗的個性，並不以別人冷淡的態度為忤，自我反省的自覺性不高，倒是能一生快活在自我的意識之中。只要沒有『羊、陀』在僕役宮，以及沒有『化忌』在兄弟宮中，若是流年運程好的話，倒是可暴發『武貪格』的暴發運。有『火星、鈴星』在僕役宮，或兄弟宮，暴發運更強，可多得錢財，但朋友運依然是不佳的狀態。

『陽梁坐命』卯、酉宮的人

陽梁坐命卯、酉宮

天機(平) 巳	紫微(廟) 午	未	僕役宮 破軍(得) 申
七殺(廟) 辰			酉
命宮 太陽(廟) 天梁(廟) 卯			廉貞(平) 天府(廟) 戌
武曲(得) 天相(廟) 寅	天同(陷) 巨門(陷) 丑	貪狼(旺) 子	太陰(廟) 亥

太陰(陷) 巳	貪狼(旺) 午	天同(陷) 巨門(陷) 未	武曲(得) 天相(廟) 申
廉貞(平) 天府(廟) 辰			命宮 太陽(平) 天梁(得) 酉
卯			七殺(廟) 戌
僕役宮 破軍(得) 寅	丑	紫微(平) 子	天機(平) 亥

『太陽、天梁』坐命的人，無論是坐命卯宮或酉宮，僕役宮都是『破軍居得地』之位。

凡是有『破軍』在僕役宮出現的人，朋友運都是不算好的型式。

當『破軍』進入僕役宮時，此人對人際關係採取開放態度，任何人來稱兄道弟，都是可以做朋友的，於是朋友中三教九流、魚蛇龍蝦、樣樣都有，善惡邪佞不分。但是在這種情況下，正派的人，剛直有原則的人會駐足，對與此人結交採取保留、保守的態度。於是此人的周圍只會留下魚蛇蝦類之族的朋友，正派、善良的人就少見了。

『陽梁坐命』的人，本身是正派的人，為人寬宏大量，不計是非，喜歡做老大，照顧別人。也喜歡做大事業、愛面子，只要別人捧捧他，送幾頂高帽子，他就會頻生俠義之情，義無反顧了。這種人常吃虧，但是他們寬宏的性格，很能原諒別人的過錯，也不記仇，因此小人更得寸進尺，索取無度。

『陽梁坐命』的人，為朋友耗財、出力、受牽累，是永無止境的，他們永遠不會學乖。因為他認為要成就大事業就必須用人，用人就必須不拘小節，不計前嫌。所以他也不在意別人總是佔他的便宜。

『陽梁坐命』的人，必須注意的是，當邪佞的人聚集在身旁時，善良、正直的人就會被排擠出去了，在身旁小人多的狀況下，如何還能成就大事業呢？**何況『陽梁坐命』卯宮的人，**是具有官運、官格的人，他們具有完整的『陽梁昌祿』格，身旁小人多時，破耗多，也會影響官運、前途。因此我建議你最好能睜開眼睛為周圍的朋友屬下做一個評分等級，好好做一個分類，至少要清楚善惡，不要一昧的姑息。並且要做好平衡的工作，小人與正直的人勢均力敵，這樣才可能有更好的官途，也才能照顧更多的人，也才能保住面子，繼續做你的老大。

『陽梁坐命』酉宮的人，因『太陽』在酉宮為日落西山，『天梁星』的旺度也只在中等，為人比較懶散，是閒雲野鶴之輩的人，因此朋友的好壞倒是無關緊要了，朋友來來去去，順其自然，倒也其樂融融。只是怕僕役宮中又出現『羊、陀、火、鈴』，這就要小心朋友的危害了，因此辨明朋友的品行就非常重要了。

4 『武曲坐命』的人

『武曲單星』坐命時，命宮主星居廟旺之位，其僕役宮都是『太陰星』。

『武曲坐命』辰、戌宮的人

武曲坐命辰、戌宮

太陽(旺) 巳	破軍(廟) 午	天機(陷) 未	紫微(旺) 天府(得) 申
命宮 **武曲**(廟) 辰			僕役宮 **太陰**(旺) 酉
天同(平) 卯			貪狼(廟) 戌
七殺(廟) 寅	天梁(旺) 丑	廉貞(平) 天相(廟) 子	巨門(旺) 亥

巨門(旺) 巳	廉貞(平) 天相(廟) 午	天梁(旺) 未	七殺(廟) 申
貪狼(廟) 辰			天同(平) 酉
僕役宮 **太陰**(陷) 卯			命宮 **武曲**(廟) 戌
紫微(旺) 天府(廟) 寅	天機(陷) 丑	破軍(廟) 子	太陽(陷) 亥

『武曲坐命』辰宮的人，僕役宮的『太陰星』居酉宮，是居旺位的。**而『武曲坐命』戌宮的人，**僕役宮的『太陰星』居卯宮，是居陷位的。這兩者有很大的不同，朋友的層面，結交朋友的態度，與朋友之間相回應的態度都是不同的。

不過，凡是有『太陰星』進入僕役宮的人，對朋友的共同感觀都是以情感表達的細膩程度做為一個選擇朋友的依據的。這也是說，他們較重情重理，希望與朋友是在一個重情義的前題下，相互對待的。對於會使他破耗，思想反覆無常，不在一個合理性的情義範圍之內的友誼，他就會以冷淡的方式處理掉。

『武曲』五行屬金。『武曲坐命』的人，都有堅強剛直的性格，對是非善惡有很強烈的批判與分析。在他們堅強的性格之下，是不太會向邪佞的惡勢力低頭的。因為對黑白，善惡有強烈的道德觀，結交朋友的

交友發財術

方式也會出現二分法，那就是對正派的人，有自制能力、潔身自愛又能善盡朋友情義的人，他們也會以相同的方式付出很多。對於道德標準不高，品行上有瑕疵，在人情世故上不甚檢點的人，則保持距離。

『武曲坐命』辰宮的人，僕役宮的『太陰居旺』，他們會擁有許多重情重義又會體諒人的好朋有和部屬朋友，在他的生活中扮演重要的角色。他也會盡心盡力又非常具有人情味的方式來回應與報答他們。

『武曲坐命』戌宮的人，僕役宮的『太陰』是居陷的。朋友的層次在中下等的經濟層面。這一點不如『武曲坐命』辰宮的人好。『武曲坐命』辰宮的人，朋友的階級層次都會在中上等的社會中之人士。而且經濟能力都較強。**而『武曲坐命』戌宮的人，**窮朋友較多，文化水準也參差不齊。並且也常因金錢往來，而產生問題是非，是一種不算好的朋友運。**而且『武曲坐命』戌宮的人，**在與朋友交往時並不順遂。在朋友中與女性朋友的交往更不利。雖然他們仍是以精誠相照做為一個擇友模式，但朋友層次不高，反而會向『武曲坐命』戌宮的人來劫財或牽累，使『武曲坐命』戌宮的人非常生氣，而斬斷友誼。

『武曲坐命』的人，遷移宮是『貪狼』，在外面的環境中人緣很不錯。而且『武曲』是財星，份外有吸引人的條件。

但『武曲』又是孤星，又多具有才藝，再加上『武曲』本是財星，自給自足得很豐富，因此『武曲坐命』的人，無須向外界探求資源，相反的，他們以對外界援助、資助較多。因此『武曲坐命』的人擇友條件較嚴苛。一定要是貼心到合於他們的標準，認為值得交的朋友，值得為他們付出的朋友，才會與之交往。

舉例：郝柏村先生『武曲坐命』辰宮

郝柏村先生 命盤

父母宮 太陽 右弼 天馬 陀羅 己巳	福德宮 破軍 祿存 天姚 庚午	田宅宮 天機 文昌 文曲化忌 擎羊 辛未	官祿宮 紫微 天府 天鉞 壬申
命宮 **武曲化祿** 戊辰	陰男		**僕役宮** **太陰 左輔** 癸酉
兄弟宮 天同 丁卯	木三局		遷移宮 貪狼化權 甲戌
夫妻宮 七殺 丙寅	子女宮 天梁化科 鈴星 丁丑	財帛宮 廉貞 天相 火星 天魁 丙子	疾厄宮 巨門 乙亥

『武府坐命』子、午宮的人

武府坐命子、午宮

巳	午	未	申
僕役宮 天梁(陷) 巳	七殺(旺) 午	未	廉貞(廟) 申
紫微(得) 天相(得) 辰			酉
天機(旺) 巨門(廟) 卯			破軍(旺) 戌
貪狼(平) 寅	太陽(陷) 太陰(廟) 丑	命宮 武曲(旺) 天府(廟) 子	天同(廟) 亥

巳	午	未	申
天同(廟) 巳	命宮 武曲(旺) 天府(旺) 午	太陽(得) 太陰(陷) 未	貪狼(平) 申
破軍(旺) 辰			天機(旺) 巨門(廟) 酉
卯			紫微(得) 天相(得) 戌
廉貞(廟) 寅	丑	七殺(旺) 子	僕役宮 天梁(陷) 亥

『武曲、天府』坐命的人，僕役宮都是『天梁居陷』的朋友運。

當『天梁居陷位』進入僕役宮時，朋友運並不算好。『天梁』是貴人星，居陷時便缺少貴人。『天梁』這顆星同時又有固執、霸道，自以為是的特質。它雖然有表面態度溫和的優點，但那只是假象。內在的固執，會引發更多的問題產生。

當『天梁居陷』進入僕役宮時，此人的朋友中充滿著自私自利的人，對別人一點交情也不講，顢頇自大，既不會相互照顧，彼此往來也較冷淡。

有『天梁』在僕役宮的人，多半喜歡搞小圈圈、小團體。但是『天梁居陷』時，這種小團體是搞不成的，因為朋友中的意見多，誰也看不順眼誰，並且也不願意對別人多付出，多提供幫助，當然無法組織起來。

『武府坐命』的人，在本命宮內是財星加財庫星組成的命格。本命極其富有，當然有富人心態。對別人都防範很嚴，害怕有人來劫財。『天府』是財庫星也是計較星，會計較自己的得失有多少。因此『武府坐命』的人，在基本上是勢利的，自視頗高的，一定要有與他相同層級的地位、財富、他才會放心與他展開友誼。因此他所尋找到友誼類型的人，必然是和他有相同看法的人。如此一來，彼此都是防守甚嚴的心態，如何還會產生熱情的火花呢？

『武府坐命』的人，本身很正派，也多半會做公職，為人守分寸、守紀律，一板一眼的。只要命宮中沒有『羊、陀、火、鈴』出現，他們都是正直的人，有『煞星』出現時會陰險狡詐。沒有『煞星』在命宮中相照的人，也都會很剛毅的選擇正派人做朋友，再加上經濟狀況的一個取捨，以及情義範圍中的挑選，有水準、夠資格做他的朋友的人，真是很少了。這也是『武府坐命』的人，很難找到好朋友、形成小團體的原因。

『武府坐命』的人中，很多人都是有家庭問題的人，有時候是幼年家庭不健全，有時候是本身婚姻不幸福。因此他們對朋友的期望較大，希望能在朋友中找到可談心的人。但是往往是失望極大的。這些朋友雖溫和看起來好相處，其實很冷淡，對朋友交情也不用心。

因此『武府坐命』的人真要改善朋友運的話，一定要從自身做起。多去關心別人，做長久的付出，不要再固執於自己的擇友標準，多開放管道給細心又重情義的人，縱然是他們的經濟力量不如你，文化層次沒有你高，只要是正派的守紀律，知情達禮的人都可以列在考慮之列，情況就會有明顯的改變。

『武貪坐命』丑、未宮的人

『武曲、貪狼』坐命的人，僕役宮中都是『空宮』，而有『天同、太陰』來相照的格式。

『武貪坐命』丑宮的人，僕役宮居午是『空宮』，而相照的『同陰』皆居廟旺及旺位。只要沒有『煞星』（羊陀火鈴）進入，就會是一個還不錯的朋友運，朋友的層級中多半是溫和、重人情味、外表長相溫柔俊俏的人。**倘若有『文昌、文曲』進入僕役宮時，**因『昌曲』在午宮居陷，朋友們反而是不夠精明，文化層次與智慧皆不高，有一些粗俗但愛美的人。**有『左輔、右弼』進入僕役宮中是好的，**朋友是溫和多情義，又能幫助自己，對自己有利的朋友運。

武貪坐命丑、未宮

紫微(旺) 七殺(平) 巳	僕役宮 午	未	申
天機(平) 天梁(廟) 辰			廉貞(平) 破軍(陷) 酉
天相(陷) 卯			戌
太陽(旺) 巨門(廟) 寅	命宮 **武曲**(廟) **貪狼**(廟) 丑	天同(旺) 太陰(廟) 子	天府(得) 亥

天府(得) 巳	天同(陷) 太陰(平) 午	命宮 **武曲**(廟) **貪狼**(廟) 未	太陽(得) 巨門(廟) 申
辰			天相(陷) 酉
廉貞(平) 破軍(陷) 卯			天機(平) 天梁(廟) 戌
寅	丑	僕役宮 子	紫微(旺) 七殺(平) 亥

舉例：蔣宋美齡女士是『武貪坐命』丑宮

蔣宋美齡女士 命盤

<table>
<tr><td>官祿宮
紫微 七殺 火星 陀羅 左輔 天馬
〈身宮〉 乙巳</td><td>僕役宮
文曲 祿存 紅鸞
丙午</td><td>遷移宮
擎羊
丁未</td><td>疾厄宮
文昌
戊申</td></tr>
<tr><td>田宅宮
天機化科 天梁
甲辰</td><td colspan="2" rowspan="2">1897年2月12日寅時
陰女
木三局</td><td>財帛宮
廉貞 破軍 天鉞 右弼 天空
己酉</td></tr>
<tr><td>福德宮
天相
癸卯</td><td>子女宮
天刑
庚戌</td></tr>
<tr><td>父母宮
太陽 巨門化忌 天姚
壬寅</td><td>命宮
武曲 貪狼
癸丑</td><td>兄弟宮
天同化權 太陰化祿 鈴星 陰煞
壬子</td><td>夫妻宮
天府 天魁
辛亥</td></tr>
</table>

『武貪坐命』丑宮的人，僕役宮中反而以沒有較大的星進入為佳，只要有『同陰相照』，朋友對他的感情溫柔而細膩，且會為他帶來財利，彼此和諧融洽的對待，是再好也不過的朋友運了。

『武貪坐命』未宮的人，因僕役宮為『空宮』，相照的『同陰』在午宮居陷的反照過來，反而不美。這代表了朋友們雖仍是溫和性格的人，但是彼此緣份並不好，相處冷淡，而且時常彼此有心結，並不融洽，並且朋友層級中的文化水準，經濟狀況都不好，他與朋友沒有太多的接觸，朋友在事業與財運上也無法給他幫助。

『武貪坐命』的人，性格堅強，固執、較沈默，不太愛講話，但有自己一套的做人方式，不喜歡佔人便宜，也不願意讓人佔便宜。他們在命格中有暴發運，本身的能力很強，也不愛向外求助。通常是以自給自足的方式活在自己的天地之中。很討厭別人不守信諾，討價還價，製造是非糾紛。他們個性很直很衝動，思想與做事的速度都很快，但外表卻給人保守的印象。

『武貪坐命』的人，思想頑固、傳統、注重家庭血緣關係，對自己家裡的人比較好，對外人和朋友是有等級之分的。一般人認為他們是慳吝，不太合群的人，對人也並不熱情，這也就是他天生的個性使然，因此在錢財上、與工作方式上不講情面，就成為他特殊的處世風格。

『武貪坐命』的人，大致上來說人緣還很不錯。主要是命宮中的『貪狼星』是居廟旺之位的。把朋友分等級來對待，這也是性格強硬，堅持自己的正派立場所致。

『武貪坐命』的人，壬年生，命宮中有『武曲化忌』的人，常有金錢不順的狀況，也常會把金錢計算錯誤，有時也會與人發生金錢糾紛。**癸年生，命宮中有『貪狼化忌』的人**，人緣就不好了。此人在思想上常發生混亂，情緒也常受影響。是非、災禍常因速度太快而時而有之。間接的，他也常對人際關係灰心。並且在處理人際關係與糾紛時常束手無策。有『貪狼化忌』的人，領導能力是有瑕疵的，也無法帶好屬下。

『武貪坐命』的人，有『擎羊、火、鈴』進入僕役宮時，當然朋友運都不好。自己也沒辦法把人際關係搞好，有『擎羊星』在僕役宮時，武貪坐命丑宮的人，會遇到外表溫和美麗，但內心險詐的朋友，使他產生損失、災禍。

『陀羅星』不會在子、午、卯、酉宮出現，因此不會進入『武貪坐命』人的僕役宮，因此不談。

『武貪坐命』未宮的人，僕役宮中有『擎羊星』時，再加上相照陷落的『同陰』，朋友運更糟，會有背叛、使他遭災惹禍的朋友。彼此

交友發財術

來往的關係也會建立在極度惡劣、陰險狠毒的模式之上。

『武貪坐命』丑宮的人，僕役宮中有『火、鈴』進入時，因『火、鈴』在午宮居廟位他會擁有性情急躁、火爆，喜歡流行、時髦愛美的朋友群。

『武貪坐命』未宮的人，僕役宮中有『火、鈴』進入時，因『火、鈴』在子宮居陷，他會擁有性情火暴、粗俗的朋友群，彼此往來的關係也不佳。

『武相坐命』寅、申宮的人

『武曲、天相』坐命的人僕役宮是空宮，有『天同、巨門』相照。這是不佳的朋友運模式。不論空宮中是否進入六吉星（昌曲、左右、魁鉞），而有『同巨相照』，朋友運都是要打折扣的。

武相坐命寅、申宮

天機㊣平 巳	紫微㊣廟 午	僕役宮 未	破軍㊣得 申
七殺㊣廟 辰			酉
太陽㊣廟 天梁㊣廟 卯			廉貞㊣平 天府㊣廟 戌
命宮 **武曲**㊣得 **天相**㊣廟 寅	天同㊣陷 巨門㊣陷 丑	貪狼㊣旺 子	太陰㊣廟 亥

太陰㊣陷 巳	貪狼㊣旺 午	天同㊣陷 巨門㊣陷 未	命宮 **武曲**㊣得 **天相**㊣廟 申
廉貞㊣平 天府㊣廟 辰			太陽㊣平 天梁㊣得 酉
卯			七殺㊣廟 戌
破軍㊣得 寅	僕役宮 丑	紫微㊣平 子	天機㊣平 亥

當僕役宮是『空宮』，而有『同巨相照』時，朋友的緣份是不強的，並且朋友中常有是非、麻煩，讓這個人很忙碌。

『武相坐命』的人，本命中有『武曲財星』和『天相福星』。這兩顆星同坐命宮，其人的性格就會顯出兩星共同的特質。於是『武相坐命』的人，就會具有剛直的特性，是非分明，正義感十足，卻又能主持公道，評定是非，他們也能熱心公務，為眾人服務而任勞任怨。

但是『武相坐命』的人，遷移宮是『破軍』，代表其人的外在環境是混亂、複雜的狀況，需要他好好的整理擺平。因此朋友中會產生是非、意見多也不難理解了。只要沒有『羊、陀、火、鈴』進入僕役宮，其人的朋友中只是有紛爭的狀況，還不致於會被害至深。有『羊、陀、火、鈴』在僕役宮中時，那才真正是最差的朋友運了，被害、被背叛、欺主、殺害都是有可能發生的事。流年運不好，尤其要注意朋友的來往與動靜，以防有災禍發生。

『武相坐命』的人，朋友中較多是懶惰，又會批評的人。只動口，不動手，又會說風涼話。常惹是非，製造混亂，而讓他生氣憤慨。所幸『武相坐命』的人的父母宮是『陽梁』，因此長輩級的朋友或師長、上司，都會照顧他們，並且很理解『武相坐命』的人有調解糾紛，化戾氣於祥和的能力，而給他們鼓勵。因此『武相坐命』的人，只要多交往年紀比自己大，或是長輩級的朋友，就會相處愉快，緣份深厚了。

『武殺坐命』卯、酉宮的人

武殺坐命卯、酉宮

巳	天機(廟) 午	紫微(廟) 破軍(旺) 未	僕役宮 申
太陽(旺) 辰			天府(旺) 酉
命宮 武曲(平) 七殺(旺) 卯			太陰(旺) 戌
天同(平) 天梁(廟) 寅	天相(廟) 丑	巨門(旺) 子	廉貞(陷) 貪狼(陷) 亥

廉貞(陷) 貪狼(陷) 巳	巨門(旺) 午	天相(得) 未	天同(旺) 天梁(陷) 申
太陰(陷) 辰			命宮 武曲(平) 七殺(旺) 酉
天府(得) 卯			太陽(陷) 戌
僕役宮 寅	紫微(廟) 破軍(旺) 丑	天機(廟) 子	亥

『武曲、七殺』坐命的人，僕役宮是『空宮』，有『天同、天梁』

相照，只要沒有『煞星』進入僕役宮，就算是中等的朋友運了。

『武殺坐命』卯宮的人，僕役宮是『空宮』，有『同梁相照』，『天同居平、天梁居旺』。這種朋友運是為朋友之事很勞碌，很盡心，但也能得到朋友回響的朋友運。並且他的貴人較多，年紀較長的朋友都會成為他的貴人，喜歡幫助他。朋友之間的相處之道，就是互相照顧，彼此互通利益的方式。

『武殺坐命』酉宮的人，僕役宮是『空宮』，相照的『同梁』雙星是『天同』居旺，而『天梁』是居陷的。這表示此人的朋友中懶惰、自私的人較多。這些朋友只是溫和、冷淡、袖手旁觀的人，並不認真和『武殺坐命』酉宮的進行真誠的友誼來往。因此他的朋友是多而無益的。

『武殺坐命』的人，性格剛強，有點古怪，做事斬釘截鐵，好勝心強不服輸，很少會請別人幫忙。凡事只會自己拚命打拚，不願意求助別人。有『武曲化忌』在命宮的人，會有金錢財運困難和頭腦不清的問題。

『武殺坐命』的人，生於辛年、寅時的人，會有『文昌化忌』在僕役宮中，而且是形成『羊陀夾忌』的惡格形式。申年時行運逢到，會有性命不保之憂。而且一生都受朋友的欺侮，是非麻煩不斷。

『武破坐命』巳、亥宮的人

『武曲、破軍』坐命的人，僕役宮都是『巨門居陷』入宮。這是具有是非爭鬥不斷的朋友運，因此屬於不吉。

當『巨門居陷』位進入僕役宮時，朋友運非常不好。朋友都是陰險邪佞之人，互相暗害，時時有被出賣、被打擊之危險。因此在生活中必須要時時提高警覺。

武破坐命巳、亥宮

命宮 武曲(平) 破軍(平) 巳	太陽(旺) 午	天府(廟) 未	天機(得) 太陰(平) 申
天同(平) 辰			紫微(旺) 貪狼(平) 酉
卯			僕役宮 巨門(陷) 戌
寅	廉貞(平) 七殺(廟) 丑	天梁(廟) 子	天相(得) 亥

天相(得) 巳	天梁(廟) 午	廉貞(平) 七殺(廟) 未	申
僕役宮 巨門(陷) 辰			酉
紫微(旺) 貪狼(平) 卯			天同(平) 戌
天機(得) 太陰(旺) 寅	天府(廟) 丑	太陽(陷) 子	命宮 武曲(平) 破軍(平) 亥

『武破坐命』的人，命宮中的『武曲財星』和『破軍耗星』都是居平陷之位的，而『武曲』主孤，『破軍』主勞碌、破耗，一生不但是破祖離鄉，白手成家，是六親無緣的命格，且主孤寡，性格也有些怪異，一生運程起伏。

『武破坐命』的人多勞碌、破耗，並且性格多疑，不容易相信別人。**西安事變的主角張學良就是『武破坐命』的人，**一生起落無常，最後被軟禁，命格如此，主要也是僕役宮不好，又處在是非混亂的環境之中之故。

『武破坐命』的人，僕役宮不好，且會影響一生的運程，要想改善，就要遠離是非窩，隱居起來，並且少與人來往，過孤獨的日子，投身宗教，潛心佛道，較會有平靜的日子。

5 『天同坐命』的人

『天同單星』坐命的人，有六種不同坐命宮位。有『天同坐命』卯宮的人、『天同坐命』酉宮的人、『天同坐命』辰宮的人、『天同坐命』戌宮的人、『天同坐命』巳宮的人、『天同坐命』亥宮的人。

『天同坐命』卯、酉宮的人

天同坐命卯、酉宮

太陽(旺) 巳	破軍(廟) 午	天機(陷) 未	僕役宮 紫微(旺) 天府(得) 申
武曲(廟) 辰			太陰(旺) 酉
命宮 天同(平) 卯			貪狼(廟) 戌
七殺(廟) 寅	天梁(旺) 丑	廉貞(平) 天相(廟) 子	巨門(旺) 亥

巨門(旺) 巳	廉貞(平) 天相(廟) 午	天梁(旺) 未	七殺(廟) 申
貪狼(廟) 辰			命宮 天同(平) 酉
太陰(陷) 卯			武曲(廟) 戌
僕役宮 紫微(旺) 天府(廟) 寅	天機(陷) 丑	破軍(廟) 子	太陽(陷) 亥

『天同坐命』卯、酉宮的人，僕役宮都是『紫微、天府』，這是一種非常高尚、完美的朋友運。

當『紫府』進入僕役宮時，表示此人的朋友中都是品德高尚、地位高、財富又多的層級。這些朋友不但溫和、文化水準高、外表體面、氣派，且多具有權力地位。『天同坐命』卯、酉宮的人，常常可以依賴他們的特權而得到利益。

『天同坐命』的人，本來就是『福星』坐命。『天同』在卯、酉宮居平位，因此人並不那麼懶，反而勤快而勞碌。不過終究是『福星坐命』，依然會有許多天賜的福氣可安享的。

『天同坐命』的人，本性溫和、聰慧、與世無爭，也不喜歡爭權奪利之事，一切以天然形成的力量在行運和生活。因此朋友都喜歡他。再加上他外在的環境是『太陰』（遷移宮是太陰），這是一種重視情份的環境領域。因此『天同坐命』卯、酉宮的人，是福力天成的享受朋友、屬下的愛戴與照顧。

『天同坐命』辰、戌宮的人

天同坐命辰、戌宮

武曲(平) 破軍(平) 巳	太陽(旺) 午	天府(廟) 未	天機(得) 太陰(平) 申
命宮 天同(平) 辰			僕役宮 紫微(旺) 貪狼(平) 酉
卯			巨門(陷) 戌
寅	廉貞(平) 七殺(廟) 丑	天梁(廟) 子	天相(得) 亥

天相(得) 巳	天梁(廟) 午	廉貞(平) 七殺(廟) 未	申
巨門(陷) 辰			酉
僕役宮 紫微(旺) 貪狼(平) 卯			命宮 天同(平) 戌
天機(得) 太陰(旺) 寅	天府(廟) 丑	太陽(陷) 子	武曲(平) 破軍(平) 亥

『天同坐命』辰、戌宮的人，僕役宮是『紫微、貪狼』。當『紫貪』進入僕役宮時，朋友中盡是些地位高，但關係並不十分良好，而且還有些冷淡的朋友。

『天同坐命』辰、戌宮的人，遷移宮是『巨門居陷』，外在的環境不佳，是非爭鬥多，生活無法安寧。雖然是『天同坐命』辰、戌宮的人，也是溫和的人，但有時太懦弱，完全無法解決發生在自己周圍的是非麻煩。他們的生活環境差，家中不和睦，因此，在外面希望結交高地位、高水準的朋友。在結交朋友的過程中喜歡攀附貴胄名門。但是因自己的家庭背景並不是那麼好，總讓環境較好的朋友無法將其視為同類，並且常常排斥他們，因此『天同坐命』辰、戌宮的人，常常飽受冷淡，朋友運並不好。

『天同坐命』辰、戌宮的人，必須改善高攀的渴望，以努力尋找適合自己的知心朋友，才可能保有好一點的朋友運，而交到好朋友。

『天同坐命』巳、亥宮的人

『天同坐命』巳、亥宮的人，僕役宮是『紫微、天相』。這是一種

交友發財術

極佳的朋友運。

天同坐命巳、亥宮

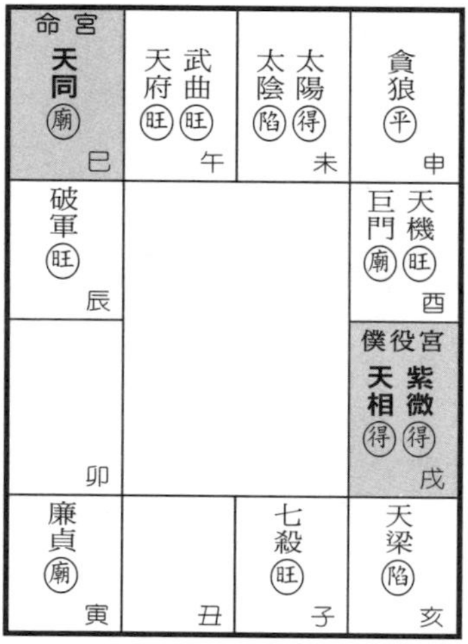

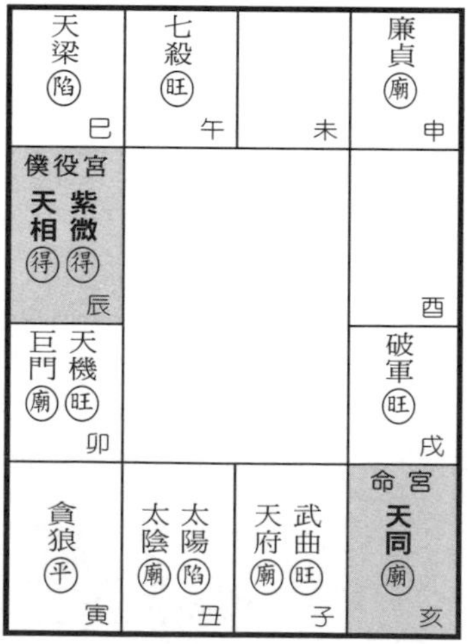

當『紫微、天相』進入僕役宮時，朋友群中都是品德高尚、知書達禮、性情溫和、地位高、文化水準高、會體諒人、幫助人的朋友。

『天同坐命』巳、亥宮的人，命宮中的『天同福星』居廟位，因對宮的『天梁居陷』，只要不再有『陀羅、火、鈴』出現在巳、亥宮，就會是一個奮發有為、正派的人。有『煞星』在命宮或相照，則會傷害福星的福力而不吉，人也會有缺陷，以及傾向邪佞懶惰。

『天同坐命』巳、亥宮的人，若有『天同化權』在命宮的人，一定是事業有成的人，並且會因為極佳的朋友運而帶來富貴。朋友和屬下會自動前來幫忙做事，有好的機會和利益都給他。同樣的，『天同化權』坐命於巳、亥宮的人，也會給與相同的回報。

『天同坐命』巳、亥宮的人，長輩運、朋友運都是一流的。但是兄弟運和家庭運都不佳。因此不喜歡留在家中，而對朋友的相處比較用心經營。這也是他的朋友運好的原因所在。

『同陰坐命』子、午宮的人

『天同、太陰』坐命的人，僕役宮是『紫微、七殺』。『紫微居旺』，『七殺居平位』。當『紫微、七殺』進入僕役宮時，代表其人會擁有地位高、性情剛強粗暴的朋友。通常這些朋友外表是冷峻而道貌岸然，但內在思想並不如外貌一般清高。甚至內心是險惡的、凶悍的。因此這種朋友運是不佳的朋友運。

同陰坐命子、午宮

僕役宮 紫微(旺) 七殺(平) 巳	午	未	申
天機(平) 天梁(廟) 辰			廉貞(平) 破軍(陷) 酉
天相(陷) 卯			戌
太陽(旺) 巨門(廟) 寅	武曲(廟) 貪狼(廟) 丑	命宮 天同(旺) 太陰(廟) 子	天府(得) 亥

天府(得) 巳	命宮 天同(陷) 太陰(平) 午	武曲(廟) 貪狼(廟) 未	太陽(得) 巨門(廟) 申
辰			天相(陷) 酉
廉貞(平) 破軍(陷) 卯			天機(平) 天梁(廟) 戌
寅	丑	子	僕役宮 紫微(旺) 七殺(平) 亥

『同陰坐命』的人，性格溫和、善良、柔弱，外表秀美挺拔，是非常受人喜愛的人。但是因為在外觀上就顯出柔弱，因此容易被性情強悍的人壓制。而『同陰坐命』的人，多半會在公家機關或大企業中做學

術或理財的文職工作。『同陰坐命』子宮的人，官運較好，財祿較多。而『同陰坐命』午宮的人，因命宮中之『天同、太陰』居於平陷之位，而財運、官運皆不佳。更會受到朋友、同事、屬下的欺凌，朋友運更差。

倘若命宮中有『擎羊星』坐於午宮，而『同陰』在子宮相照的人，是『馬頭帶箭』格，因相照的『同陰』居旺，可名震沙場，做一名武將而得富貴。**前法務部長城仲模即是此命格的人。**因本命即強勢，當然也不怕朋友、屬下凶悍，而可壓得住陣角了。

『同巨坐命』丑、未宮的人

『天同、巨門』坐命的人，其僕役宮是『紫微星』。『同巨坐命』丑宮的人，『紫微星居旺』，是一級棒的朋友運。『同巨坐命』午宮的人，『紫微星』是居平位，是較次級好運的朋友運。

同巨坐命丑、未宮

天機(平) 巳	僕役宮 **紫微**(廟) 午	未	破軍(得) 申
七殺(廟) 辰			酉
太陽(廟) 天梁(廟) 卯			廉貞(平) 天府(廟) 戌
武曲(得) 天相(廟) 寅	命宮 **天同**(陷) **巨門**(陷) 丑	貪狼(旺) 子	太陰(廟) 亥

太陰(陷) 巳	貪狼(旺) 午	命宮 **天同**(陷) **巨門**(陷) 未	武曲(得) 天相(廟) 申
廉貞(平) 天府(廟) 辰			太陽(平) 天梁(得) 酉
卯			七殺(廟) 戌
破軍(得) 寅	丑	僕役宮 **紫微**(平) 子	天機(平) 亥

當『紫微星』進入僕役宮時，此人喜歡攀龍附鳳，結交地位高，具有權力的朋友。通常他們也能達成願望，認識一些名人和官員。

『同巨坐命』的人，一生沒有事業。工作時間不長。命宮中的『天同、巨門』皆居陷位，因此喜歡玩樂之事，並且常與是非糾纏。本身喜歡攀附權位之人，心中常不安寧，因此常用一些特殊的方法賺取錢財。例如假借一些公益活動，社會活動從中得利等等。因此攀附權貴，在他們來說，實屬必要。因此他們是依附這些權貴而生活的人。在交友過程中有些勢利就在所難免了。所幸他們很會講話，又會看人臉色，對於有利於自己的事情，多跑跑腿、操勞一下也無妨。因此外表看起來朋友運算是不錯的了。但是他們對於同輩、同層次階級的一般人，都不會假以顏色，也可說是用驕傲的、自以為高尚的態度來對待和他一樣地位不高的朋友。

『同梁坐命』寅、申宮的人

『天同、天梁』坐命的人，其僕役宮都是『紫微、破軍』。雖然『紫微、破軍』都在廟位、旺位。但是仍不算是好的朋友運。

同梁坐命寅、申宮

巳	天機(廟) 午	僕役宮 紫微(廟) 破軍(旺) 未	申
太陽(旺) 辰			天府(旺) 酉
武曲(平) 七殺(旺) 卯			太陰(旺) 戌
命宮 天同(平) 天梁(廟) 寅	天相(廟) 丑	巨門(旺) 子	廉貞(陷) 貪狼(陷) 亥

廉貞(陷) 貪狼(陷) 巳	巨門(旺) 午	天相(得) 未	命宮 天同(旺) 天梁(陷) 申
太陰(陷) 辰			武曲(平) 七殺(旺) 酉
天府(得) 卯			太陽(陷) 戌
寅	僕役宮 紫微(廟) 破軍(旺) 丑	天機(廟) 子	亥

當『紫微、破軍』進入僕役宮時，代表在其人的朋友群中，多半是外表看起來地位高，權勢大，但是在品格上卻有問題的人。並且此人對於道德感的認同並不高，只要是有權勢、金錢、地位的人，不論正邪，他都趨之若鶩，熱心攀附交往。

『同梁坐命』的人，本身性格溫和，有特殊頑固的性格和思想，喜歡充老大，照顧別人和諂媚別人。他的人緣很好，和什麼人都能交往談得來，無論老人、小孩、男人、女人，亦或是黑道大哥，也是他崇拜的對象。他們多半會從事服務業。命宮坐於申宮的人，多半是無業遊民，晃盪於低層社會之中，因此和黑道更接近。

『同梁坐命』寅宮的人，結交層次會稍高，大致屬於民意代表之流。如此的交友態度，有時候是環境使然。有時候則是從事的職業靠近這些人。總而言之，他們的心裡是傾向趨炎附勢的。『同梁坐命』的人，會為結交權貴花費龐大，因而耗財。因為『同梁坐命』的人很多是在餐廳、酒店工作的，這種環境就是酒色財氣的場所，因此不難理解他們為什麼有這樣的朋友運了。

但是『同梁坐命』的人的朋友運並不算好。身處是非之地，龍蛇雜處，朋友中三教九流都有，那有事事都能圓滿？因此要結交到知心的朋友也不容易，反而是明爭暗鬥不停，一切都只是表面的權勢好罷了。

6 『廉貞坐命』的人

『廉貞坐命』寅、申宮的人

廉貞坐命寅、申宮

天同(廟) 巳	武曲(旺) 天府(旺) 午	僕役宮 太陽(得) 太陰(陷) 未	貪狼(平) 申
破軍(旺) 辰			天機(旺) 巨門(廟) 酉
卯			紫微(得) 天相(得) 戌
命宮 廉貞(廟) 寅	丑	七殺(旺) 子	天梁(陷) 亥

天梁(陷) 巳	七殺(旺) 午	未	命宮 廉貞(廟) 申
紫微(得) 天相(得) 辰			酉
天機(旺) 巨門(廟) 卯			破軍(旺) 戌
貪狼(平) 寅	僕役宮 太陽(陷) 太陰(廟) 丑	武曲(旺) 天府(廟) 子	天同(廟) 亥

『廉貞單星』坐命時，必坐於寅宮或申宮，其僕役宮是『太陽、太陰』。當『廉貞坐命』寅宮時，僕役宮中的『太陽居旺、太陰居

陷』。**當『廉貞坐命』申宮時，**僕役宮中的『太陰居旺、太陽居陷』。這兩種不同的情況，也造就了不同的朋友運。

當『太陽、太陰』一同出現在僕役宮時，顯示出此人的朋友運常陰晴不定。並且此人也常遭受朋友的影響，心情反反覆覆的不愉快。在他的朋友中會同時出現一些好相處的人，緣份較深的人，同時也會出現頑劣份子，不好相處。所以朋友運是有時好，有時壞，沒有一定的規則。

當『廉貞坐命』寅宮時，僕役宮中的『太陽居旺、太陰居陷』。這時候好相處的是男性，不好相處的是女性。這時候，此人最好在男性較多的地方工作。主管、上司也最好是男性，才會有升遷的機會。倘若是在女性多，又是女性主管及上司，此人和女性不合，一定會倍受排擠、討厭，沒有競爭力，而被打壓受氣的。

當『廉貞坐命』申宮時，其僕役宮中的『太陽居陷、太陰居旺』。此時此人最好是在女性多，且是女性主管上司的手下工作。此人在男性團體社會中競爭力差，也會被男性排擠打壓。

『廉貞坐命』的人，態度深沈，精於策劃謀略，有時候也會做些暗昧之事。『廉貞單星』坐命時，是居廟位的。因此智慧及思慮都非常高超，為人也肯打拚勞碌，但天生就會有些人害怕他們的胸有城府，對他們有所顧忌。雖然『廉貞坐命』的人，很喜歡在人際關係中用心思，但是有某些人仍是擺不平。**因此命坐寅宮的人，**別想多賺錢，要以主貴為主。且要與女性保持距離，以免受害。**而命坐申宮的人，**以主富為主，在男人社會中競爭力不佳，升官將會遭受挫折。且要多注意男性朋友的動靜，以防小人暗害。

舉例：宋楚瑜先生是『廉貞坐命』申宮

宋楚瑜先生 命盤

子女宮 天梁化祿 天鉞 文曲 辛巳	夫妻宮 七殺 左輔化科 壬午	兄弟宮 癸未	**命　宮** **廉貞 右弼** 甲申
財帛宮 紫微化權 天相 庚辰			父母宮 文昌 乙酉
疾厄宮 天機 巨門 天魁 己卯			福德宮 破軍 陀羅 丙戌
遷移宮 貪狼 天馬 戊寅	**僕役宮** **太陽 太陰** 己丑	官祿宮 武曲化忌 天府 擎羊 戊子	田宅宮 天同 祿存 天刑 丁亥

『廉貞坐命』的人，父母宮是『空宮』，有『機巨相照』，這是不算好的長輩運再加上命盤中的『天梁』又落陷，根本缺少貴人，因此一切要靠自己打拚，較難得到主管、上司的佳許，升官就困難重重。這也是朋友運直接影響到人生前途的例證。

『廉府坐命』辰、戌宮的人

『廉貞、天府』坐命的人，僕役宮都是『太陽、天梁』。這是非常好的朋友運。而『陽梁』在卯宮，或『陽梁』在酉宮，星曜的旺度有所不同，因此雖然都屬不錯的朋友運，實則有等級及天壤之分。

『太陽、天梁』在卯宮，『太陽、天梁』皆居廟旺之位，是極至的最佳朋友運，為第一等級，最高層次的朋友運。**而『太陽、天梁』在**

酉宮，『太陽』居平位，日落西山，光芒微弱，迴光反照。『天梁』又只處於得地剛合格之位，故其朋友運雖仍算不錯，但是根本比不上『陽梁』在卯宮的人。

廉府坐命辰、戌宮

天機(平) 巳	紫微(廟) 午	未	破軍(得) 申
七殺(廟) 辰			酉
僕役宮 太陽(廟) 天梁(廟) 卯			命宮 廉貞(平) 天府(廟) 戌
武曲(得) 天相(廟) 寅	天同(陷) 巨門(陷) 丑	貪狼(旺) 子	太陰(廟) 亥

太陰(陷) 巳	貪狼(旺) 午	天同(陷) 巨門(陷) 未	武曲(得) 天相(廟) 申
命宮 廉貞(平) 天府(廟) 辰			僕役宮 太陽(平) 天梁(得) 酉
卯			七殺(廟) 戌
破軍(得) 寅	丑	紫微(平) 子	天機(平) 亥

當『陽梁』在卯宮入僕役宮時，表示此人的人緣極佳，此人從小在男性及長輩的呵護中長大。也很懂得與男性及比自己年長的人的相處之道。並且深深掌握他們的心理，給這些男性及長輩類朋友們心中所需

交友發財術

要的好處。因此他擄獲了他們的心，接著在升官、升級、考試、學習上就倍佔利益。因為這些人也必須回報，以示通好。

『廉府坐命』戌宮的人，僕役宮是『陽梁』坐卯宮。具有最高最佳的朋友運。『廉府坐命』的人，一生都用心經營自己的人際關係，他們命宮中的『廉貞』雖居平，但『天府居廟』，智慧雖平庸，但是有錢。平庸的智慧使他們笨一點，但是可躲過人際關係中的爭鬥，使別人的箭靶不會朝向他。有錢就可暗地用錢財收買人心。這一向是他們慣用的手法。他深深的知道這些男性的上司、長輩級的人心中想要些什麼，便給他什麼，因此是無往不利的。

『廉府坐命』的人，也不是凡見人就給利益，或是凡是男性、長輩級的就給利益。『天梁星』帶有私心的，形成小圈圈、小團體的意義。因此『廉府坐命』的人，必須是以圍繞著他，對他有好處，有利益的人，形成自己的一派人，才會給他們好處。一般人，或在外圍的人

（男性或長輩）是享受不到他的好處的。**連戰先生就是『廉府坐命』戌宮，又擁有這般朋友運的人。**

連戰先生 命盤

疾厄宮 天機化權 祿存 癸巳	財帛宮 紫微 擎羊 甲午	子女宮 天姚 乙未	夫妻宮 破軍 丙申
遷移宮 七殺 陀羅 右弼 台輔 壬辰			兄弟宮 鈴星 天鉞 地劫 丁酉
僕役宮 **太陽 天梁** 辛卯			**命　宮** **廉貞化忌 天府 左輔** 戊戌
官祿宮 武曲 天相 天馬 陰煞 庚寅	田宅宮 天同化祿 巨門 天空 辛丑	福德宮 貪狼 文昌 火星 庚子	父母宮 太陰 天魁 己亥

交友發財術

當『陽梁』在酉宮入僕役宮時，表示此人的朋友運還不錯。但『太陽』已在地平線的地方，馬上就要潛入地平線之下，因此和男性朋友的關係，是表面上看起來不錯，但熱烈的程度不夠，也可以說是面熱心冷的模式。其次『天梁星』也在得地剛合格之位，貴人運是有，但要碰機會。這個朋友運並不像『陽梁』在卯宮入僕役宮時，那樣裡應外合，心心相印。因此是較次等級的朋友運。但仍算是好的朋友運，至少朋友不會害你，而仍然尊重你嘛！

『廉府坐命』辰宮的人，是家庭背景不富裕，且有些窮困的人，雖然他們也喜歡經營人際關係，但是才智平庸，又無家財可收買人心，本身不愛講話，也不會講話，各方面的條件都差一點，所運行的運氣也比命坐戌宮的人差（命盤中的星曜較多居陷位），因此『廉府坐命』辰宮的人，只有普通一般的中等朋友運。

『廉相坐命』子、午宮的人

廉相坐命子、午宮

僕役宮 **太陽**(旺) 巳	破軍(廟) 午	天機(陷) 未	紫微(旺) 天府(得) 申
武曲(廟) 辰			太陰(旺) 酉
天同(平) 卯			貪狼(廟) 戌
七殺(廟) 寅	天梁(旺) 丑	命宮 **廉貞**(平) **天相**(廟) 子	巨門(旺) 亥

巨門(旺) 巳	命宮 **廉貞**(平) **天相**(廟) 午	天梁(旺) 未	七殺(廟) 申
貪狼(廟) 辰			天同(平) 酉
太陰(陷) 卯			武曲(廟) 戌
紫微(旺) 天府(廟) 寅	天機(陷) 丑	破軍(廟) 子	僕役宮 **太陽**(陷) 亥

『廉貞、天相』坐命的人，僕役宮都是『太陽』，但因『太陽』所坐宮位的不同而有旺弱，這也影響朋友運的好壞。『太陽』居巳宮時，是居旺，朋友運非常好。『太陽』居亥宮是居陷，朋友運不佳。

當『太陽』居旺在僕役宮時，朋友群及屬下都是活潑開朗的朋友。性情溫和、寬宏，心中毫不存介蒂，他們常與高彩烈的聚集，高談闊論，從不會因小事磨擦而生氣。朋友間也能以精誠團結、肝膽相照來增進友誼。

『太陽』居旺在僕役宮的人，永遠像『太陽』般有無比的熱力，會融化接近他的人們，讓這些人的心和眼睛永遠離不開這個具有無比朋友運的人。**『太陽』居旺在僕役宮的人，**像一個大磁盤、大磁場，不斷的放出吸引能量，因此他的身旁永遠聚集著無數的人群、朋友。這些人都是被吸引而來，心嚮往之而來的。**當『太陽』居旺，又有『化權』時，**朋友都是具有權位的人，而這個人更能有控制朋友的能力，組織領導能力一流。

『廉相坐命』子宮的人，就擁有這種極佳的朋友運。『廉相坐命』的人，命宮中的『廉貞居平』，並不是絕等聰明的人，但是『天相居廟位』，福星居廟，當然有一定的福氣。他們外表忠厚老實，中規中矩，只要命宮沒有『擎羊』同宮或相照，此人就是正派的人。所交往的朋友也會是正派人。無比熱力的朋友運使他在男性社會中無往不利，升官、發財是極易的事。**可是『廉相坐命』的人，都有好色的習性，**這也是他們人生中的敗筆。倘若是命盤中有『太陰化忌』的人，或命宮中有『擎羊星』的人，都要小心女色所帶來的災禍。

『廉相坐命』子宮的人，最怕有『擎羊星』在命宮，會成為『刑囚夾印』的惡格，為人較陰險，思想詭異，道貌岸然，外表仍忠厚老實，朋友運也不錯，但終會因事案發，而讓朋友大吃一驚。

『太陽居陷』在僕役宮的人，因沒有『太陽』光的熱力與光芒，此人的朋友群中，多半是喜歡隱藏於幕後的人，並且這些朋友和屬下，始終是懶洋洋的，提不起勁來，雖然他們依然是寬宏、溫和的人，但對人沒有熱情和助益，因此成不了事。朋友運算是不好的了。

『廉相坐命』午宮的人，僕役宮是『太陽陷落』。『廉相坐命』

的人，本身就膽小很靜，不愛講話，僕役宮的『太陽陷落』時，對朋友又失去了吸引力，表達能力不好，再加上對人冷淡，朋友運是好不起來的，大致上看來他的朋友屬下很多，但都不得力，常讓他操勞奔忙於這些人所產生的問題、麻煩之中，心情更鬱卒。命宮中若再有『擎羊星』。『刑囚夾印』的結果，會因交上壞朋友而鋃鐺入獄。命格中有『刑囚夾印』的人，多半身材矮小猥瑣，臉部面相長得還可以，下巴尖尖，眼色飄忽不正。實非善類。但他們通常都以可憐低下的姿態博取同情，而再下手。這種人也多犯強暴色情的案件。

當人出生在甲年有『太陽化忌』出現在僕役宮時，不論『太陽』居旺或居陷，此人的朋友運都會化為泡影，因男性朋友而起的是非糾紛，災禍不斷。有『羊陀夾忌』的惡格時，必死於這種朋友運上。

『廉殺坐命』丑、未宮的人

廉殺坐命丑、未宮

武曲(平) 破軍(平) 巳	僕役宮 太陽(旺) 午	天府(廟) 未	天機(得) 太陰(平) 申
天同(平) 辰			紫微(旺) 貪狼(平) 酉
卯			巨門(陷) 戌
寅	命宮 廉貞(平) 七殺(廟) 丑	天梁(廟) 子	天相(得) 亥

天相(得) 巳	天梁(廟) 午	命宮 廉貞(平) 七殺(廟) 未	申
巨門(陷) 辰			酉
紫微(旺) 貪狼(平) 卯			天同(平) 戌
天機(得) 太陰(旺) 寅	天府(廟) 丑	僕役宮 太陽(陷) 子	武曲(平) 破軍(平) 亥

『廉貞、七殺』坐命的人，僕役宮也是『太陽』。『廉殺坐命』丑宮的人，僕役宮的『太陽』是居旺的。『廉殺坐命』未宮的人，僕役宮的『太陽』是居陷的。

『廉殺坐命』丑宮的人，僕役宮的『太陽』居午宮，是『日麗中天』的格式。此人會因結交權貴而升官發財。朋友運極佳。

『廉殺坐命』的人，年幼的時候，身體不算好，又容易胡思亂想，精神較鬱悶，因為命宮中的『廉貞星』是居平位，而『七殺星』是居廟位的，因此智商和策劃事務的能力不是很強，但卻能吃苦耐勞，奮力拚命。他們在工作上很有衝勁，不怕苦，喜歡埋頭苦幹，為人也衝動，常常花了幾倍的功夫，卻因思慮不足或是思想偏頗而失去機會。

『廉殺坐命』丑宮的人，朋友運雖然不錯，也是『太陽居旺』，但是這種朋友運和**『廉相坐命』子宮的人**所擁有僕役宮『太陽』居巳的朋友運，有顯著的不同。為什麼呢？這就是兩種人是兩種類型的緣故。性格不同所致。**『廉殺坐命』丑宮的人，**不會和朋友嬉鬧說笑，他們只是靜靜的守在一邊，或是沈靜的微笑來對待朋友，表示認同和好感。並且此命格的人，只有和男性的關係會維持較和諧的關係，因命盤中的『太陰』，是居平陷的，和女性的關係較更為冷淡不吉。所以此命格的人在男性較多的社會或團體中是比較順利的。這些朋友較對他寬容，也不會帶給他壓力。反之處在女性較多的團體中，便倍受壓力了。

『廉殺坐命』的人，性格堅硬，常會做決斷性的行業，例如律師、法官、鐵工廠、兵工廠等職業，命宮中有『陀羅』的人，會做屠宰業。因為性格強硬的關係，也以在男性多的場所工作為佳。

『廉殺坐命』未宮的人，僕役宮中的『太陽』是居陷無光的。朋友運很差，朋友群中都是表面大而化之，而非常冷淡之人。他們的地位也不高，屬於中下層階級的人。因命盤中的太陰是居旺的。因此『廉殺坐命』未宮的人，在男人社會中失利，反而和女性較有緣。並且他們的男性朋友對待他的態度十分不友善，常有嫉妒、出賣等情事發生。

當僕役宮中有『化忌』進入時，朋友運全都非常惡劣。『太陽化忌』顯示出男性朋友常常帶來是非災禍，而且升官無望，也不會有主貴、考試的機運了。

『廉破坐命』卯、酉宮的人

廉破坐命卯、酉宮

天府(得) 巳	天同(陷) 太陰(平) 午	武曲(廟) 貪狼(廟) 未	僕役宮 **太陽**(得) **巨門**(廟) 申
辰			天相(陷) 酉
命宮 **廉貞**(平) **破軍**(陷) 卯			天機(平) 天梁(廟) 戌
寅	丑	子	紫微(旺) 七殺(平) 亥

紫微(旺) 七殺(平) 巳	午	未	申
天機(平) 天梁(廟) 辰			命宮 **廉貞**(平) **破軍**(陷) 酉
天相(陷) 卯			戌
僕役宮 **太陽**(旺) **巨門**(廟) 寅	武曲(廟) 貪狼(廟) 丑	天同(旺) 太陰(廟) 子	天府(得) 亥

『廉貞、破軍』坐命的人，僕役宮都是『太陽、巨門』。命宮坐於酉宮的人比命坐卯宮的人，朋友運較好一些。

當『太陽、巨門』進入僕役宮時，此人的朋友群中都是喜歡講話，大而化之，不愛用頭腦，又成天是非不斷，喜歡傳遞八卦消息的朋友。而這些朋友，就像設立了許多消息廣播站一般，從來也不會停息，是全年無休，二十四小時運作的。

『廉破坐命』的人，命宮中的『廉貞、破軍』都是陷落的，性格強硬，智慧平庸，但膽子很大，為人衝動，很能吃苦，且不怕苦。是一個破祖離鄉，白手起家的人，因此他誰也不相信，卻堅信自己的毅力，人定勝天。平常他們很陰沈，但口才很好，因有橫發橫破的際遇，人也很狂妄。他們的外表相貌不夠俊美，但自信心強烈，台北市議員林瑞圖就是『廉破坐命』的人。

『廉破坐命』卯宮的人，僕役宮中的『太陽』是居得地之位在申宮。此時已是日落西山了，因此與男性朋友的關係會比命坐酉宮的人差一點。

『廉破坐命』酉宮的人，僕役宮中的『太陽』是居旺的，在男性社會上較具競爭力，人緣也會較好。但是『廉破坐命』人的僕役宮中都有居旺的『巨門星』，這代表口才，是非混亂。因此『廉破坐命』的人的朋友運說他好，也是好，但總離不開是非、爭鬥的場面。再加上『廉破坐命』者本身很沖，好鬥，也很會利用這些是非混亂的場面，拉抬聲勢。因此有許多『廉破坐命』者是從事政治活動的人。也因為他們有這樣的朋友運，收集消息的能力一流。也助長了他們在朋友運上所得到的利益。因此就這個方面來說，朋友運是不錯的了。

倘若有『太陽化忌』或『巨門化忌』在僕役宮出現的人，則完全沒有上述的利益產生了。只有是非、災禍隨行，那就是最壞的朋友運了。甲年生的人有『太陽化忌』，而且還有『羊陀夾忌』的惡格，流年逢此，有性命之憂，並且是因朋友運而遭難，這是不容忽視的問題。而且與政治、黑道有牽連的『廉破坐命』者，都要小心被槍殺的可能。

『廉貪坐命』巳、亥宮的人

廉貪坐命巳、亥宮

命宮 廉貞(陷) 貪狼(陷) 巳	巨門(旺) 午	天相(得) 未	天同(旺) 天梁(陷) 申
太陰(陷) 辰			武曲(平) 七殺(旺) 酉
天府(得) 卯			僕役宮 太陽(陷) 戌
寅	紫微(廟) 破軍(旺) 丑	天機(廟) 子	亥

巳	天機(廟) 午	紫微(廟) 破軍(旺) 未	申
僕役宮 太陽(旺) 辰			天府(旺) 酉
武曲(平) 七殺(旺) 卯			太陰(旺) 戌
天同(平) 天梁(廟) 寅	天相(廟) 丑	巨門(旺) 子	命宮 廉貞(陷) 貪狼(陷) 亥

『廉貞、貪狼』坐命的人，僕役宮都是『太陽』。但『廉貪坐命』巳宮的人，僕役宮的『太陽』在戌宮居陷。朋友運不佳。**而『廉貪坐命』亥宮的人，**僕役宮在辰宮，有『太陽居旺』，則會有非常好的朋

友運。

『廉貪坐命』巳宮的人，僕役宮宮是『太陽居陷』。朋友群中都是地位不高、有晦暗運程的人，彼此相處的關係不融洽。『太陽居陷』時，在男人的社會中沒有地位和競爭力，因此『廉貪坐命』巳宮的人，根本與男人不和。

『廉貪坐命』的人，因本命中『廉貞、貪狼』都居陷位，可說是智慧不高、缺乏謀略，人緣不佳，才藝也鈍拙的人。他們是口直心快，不會看人臉色、意見又多、該講的不講，不該講的講了一堆。做人也沒主見，喜歡酒色財氣，傾向邪佞之人。通常他們喜歡投機取巧，但是本命中必須很辛苦的付出勞力才能賺到錢。因此『廉貪坐命』巳宮的人，僕役宮的『太陽居陷』，見不得光的朋友很多，常受薰染，一起作惡的機會也很大。

『廉貪坐命』亥宮的人，僕役宮是『太陽居旺』，朋友運較好。朋友群中也多是地位較高之人，朋友們性格開朗、寬宏。『廉貪坐命』亥宮的人也可以在男性的社會中具有競爭力，朋友關係圓融，感情很熱烈。此命格的人有很多在軍警職中任職，同僚部屬的感情特佳，升官也升得快。是非常好的朋友運。

7 『天府坐命』的人

『天府坐命』的人，有六種不同的格式。分別是『天府坐命』丑宮、『天府坐命』未宮、『天府坐命』卯宮、『天府坐命』酉宮、『天府坐命』巳宮、『天府坐命』亥宮。

『天府坐命』丑、未宮的人

天府坐命丑、未宮

天相(得) 巳	僕役宮 **天梁**(廟) 午	廉貞(平) 七殺(廟) 未	申
巨門(陷) 辰			酉
紫微(旺) 貪狼(平) 卯			天同(平) 戌
天機(得) 太陰(旺) 寅	命宮 **天府**(廟) 丑	太陽(陷) 子	武曲(平) 破軍(平) 亥

武曲(平) 破軍(平) 巳	太陽(旺) 午	命宮 **天府**(廟) 未	天機(得) 太陰(平) 申
天同(平) 辰			紫微(旺) 貪狼(平) 酉
卯			巨門(陷) 戌
寅	廉貞(平) 七殺(廟) 丑	僕役宮 **天梁**(廟) 子	天相(得) 亥

『天府坐命』丑宮和『天府坐命』未宮的人，僕役宮都是『天梁』居廟位。這是非常好的朋友運，且有貴人運。

前面說過當『天梁居廟』在僕役宮時，顯示出此人的朋友群中多半是德高望重的人，並且也多半以年長者為主。有『天梁居廟』在僕役宮的人，學習能力強，也極願意接受長輩及前輩的指引，因此他們學到很多寶貴的人生經驗，這樣也利於升官、發財之事。

不過當『天梁居旺』在僕役宮時，也會有下列情況產生，那就是把友誼的層級固定在某些較高的層次，他們會有些驕傲，不太願意結交對自己無益的朋友，以及比自己地位、權力、財富相差太遠的朋友。他們很固執、自我保護的心態很強烈，不夠水準的人，是無法夠格與他們結交的。再之他們也喜歡搞小圈圈或小團體。然後把自己的交友範圍固定在這個小圈圈和小團體內。他們只對自己認定的自己人輸送利益。團體之外的人想突圍進去會有些困難，並且也極不容易得到他的信任。

『天府坐命』丑宮或未宮的人，正是這麼一個小心翼翼、絲毫不苟、謹慎的人。他們對朋友的選擇很嚴格。這一點和『紫府坐命』的人很相像。正因為如此，所以他們可以結交到時時提供經驗，又能幫助他們在事業上的發展。雖然如此，**『天府坐命』丑宮的人，**在命盤中的『太陽』是居陷位的。仍然會與男性有冷淡不合的現象。而『天府坐命』未宮的人，命盤中的『太陰』是居平位的，仍會和女性有不合，緣份欠佳的現象。這一點在流年運行中，便會很明顯的顯露出來。

『天府坐命』卯、酉宮的人

『天府坐命』卯、酉宮的人，僕役宮都是『天同、天梁』。而**『天府坐命』卯宮的人，**僕役宮的『天同居旺、天梁居陷』。**『天府坐命』酉宮的人，**僕役宮的『天同居平、天梁居廟旺』。因星曜的旺度不同，因此在朋友運上也有差別。

天府坐命卯、酉宮

巳	午	未	申
廉貞(陷) 貪狼(陷)	巨門(旺)	天相(得)	僕役宮 天同(旺) 天梁(陷)
辰 太陰(陷)			酉 武曲(平) 七殺(旺)
卯 命宮 天府(得)			戌 太陽(陷)
寅	丑 紫微(廟) 破軍(旺)	子 天機(廟)	亥

巳	午	未	申
	天機(廟)	紫微(廟) 破軍(旺)	
辰 太陽(旺)			酉 命宮 天府(旺)
卯 武曲(平) 七殺(旺)			戌 太陰(旺)
寅 僕役宮 天同(平) 天梁(廟)	丑 天相(廟)	子 巨門(旺)	亥 廉貞(陷) 貪狼(陷)

『天府坐命』卯宮的人的朋友運，因『天同居旺、天梁居陷』，朋友中多半是溫和而愛享樂的人，他們是有些懶惰，待人冷淡，注重自我，是自私自利的人，**因此『天府坐命』卯宮的人**，表面上看起來朋友運似乎是還不錯，朋友很多，溫和開朗，但都是些不得力的人。其部下也是一樣，**因此『天府坐命』卯宮的人**，是沒有什麼領導能力的人。這些特質，是和『武殺坐命』酉宮的人，有相同之處的。

交友發財術

『天府坐命』酉宮的人的朋友運，因僕役宮的『天同居陷』，而『天梁居廟』，朋友群中依然是溫和的。他常為朋友們奔波操勞，為朋友盡心盡力。朋友們也常幫助他。並且年長的朋友對他更是資助有加。有很多的貴人，都會在關鑑的時刻伸出援手。他也會尋找志同道合的朋友，形成一個小團體，彼此相互照顧，互通利益。因此這算是一種非常好的朋友運。這一點是和『武殺坐命』卯宮的人非常相似的。

『天府坐命』巳、亥宮的人

『天府坐命』巳、亥宮的人，僕役宮都是『天機、天梁』。而『天機居平位、天梁居廟旺』。

當『天機、天梁』入僕役宮時，因『天機』是居平陷之位，而

『天梁』是居廟位。這種朋友運顯示出：在此人的朋友群中都是一些賣弄聰明的人，但這些人並不一定真的聰明。『天機居平陷』之位，就是機智太差的表現，雖然此時『天梁』是居廟的，但是當『天機、天梁』同居一宮時，『天梁』受『天機』旺度低落的影響，只會顯露固執、自私與霸道出來。

天府坐命巳、亥宮

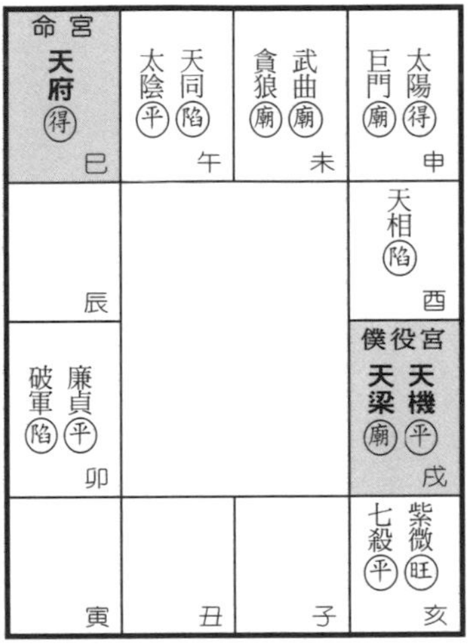

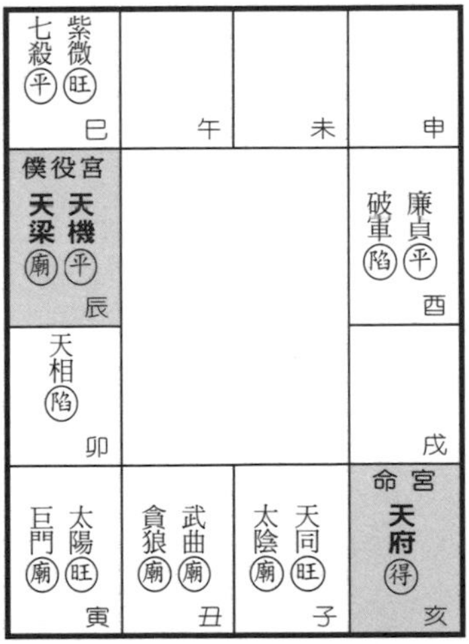

因此『機、梁』同在僕役宮時，朋友運是表面上看起來不錯的朋友運，實質都是不佳的。此人的朋友中多半都是喜歡說漂亮話，但並無實際行動的人。倘若你有事找他們幫忙，就會看到這些人慧黠的推拖閃躲、搪塞，毫無一點誠意了。

『天府坐命』巳、亥宮的人本身是個中產階級，一向中規中矩，凡事都會打理好，很少會麻煩別人。他的遷移宮是『紫微、七殺』，表示所處的環境是外觀富麗堂煌，卻讓他累個半死，辛苦勞累的環境，這主要也是因為朋友、部下皆不得力的結果。

而『天府坐命』巳、亥宮的人，本性溫和、固執、負責任，既然別人都打太極拳，因此事情只好自己做。講起來也不是他沒有領導力，只是這些朋友、部屬太油滑、太奸詐了，他又不願撕破臉，只好讓這種情形繼續下去了。

舉例：蔡萬霖先生即是『天府坐命』酉宮

蔡萬霖先生 命盤

財帛宮 天馬 己巳	子女宮 天機 文曲 庚午	夫妻宮 紫微 破軍化權 天鉞 辛未	兄弟宮 文昌 壬申
疾厄宮 太陽化忌 火星 戊辰	陽男		**命宮** **天府** 癸酉
遷移宮 武曲化科 七殺 擎羊 丁卯	金四局		父母宮 太陰 甲戌
僕役宮 **天同 天梁 祿存** 丙寅	官祿宮 天相 右弼 天魁 左輔 陀羅 地劫 丁丑	田宅宮 巨門 鈴星 丙子	福德宮 廉貞化祿 貪狼 乙亥

8 『太陰坐命』的人

『太陰單星』坐命的人，也有六種不同的命局型式，如『太陰坐命』卯宮的人、『太陰坐命』酉宮的人、『太陰坐命』辰宮的人、『太陰坐命』戌宮的人、『太陰坐命』巳宮的人、『太陰坐命』亥宮的人。

『太陰坐命』卯、酉宮的人

『太陰坐命』卯、酉宮的人，其僕役宮都是『七殺』居廟位。這是非常不好的朋友運。

當『七殺』進入僕役宮時，不論旺弱，都是不吉的。在此人的朋友中會有許多凶悍的、性格剛強的人，他們不但在性格上，以及在行為上都據有侵略性。喜歡搶奪此人的功勞、業績。也常對此人財物覬覦。

這些朋友常在一旁窺伺這個人的一舉一動，也會用嫉妒的心理，隨時毫不留情的破壞此人所擁有的一切。

太陰坐命卯、酉宮

巨門(旺) 巳	廉貞(平) 天相(廟) 午	天梁(旺) 未	僕役宮 七殺(廟) 申
貪狼(廟) 辰			天同(平) 酉
命宮 太陰(陷) 卯			武曲(廟) 戌
紫微(旺) 天府(廟) 寅	天機(陷) 丑	破軍(廟) 子	太陽(陷) 亥

太陽(旺) 巳	破軍(廟) 午	天機(陷) 未	紫微(旺) 天府(得) 申
武曲(廟) 辰			命宮 太陰(旺) 酉
天同(平) 卯			貪狼(廟) 戌
僕役宮 七殺(廟) 寅	天梁(旺) 丑	廉貞(平) 天相(廟) 子	巨門(旺) 亥

『太陰坐命』卯、酉宮的人，是柔弱而優柔寡斷的人，常常明知道這個朋友不好，因為他們太濫情，又沒有堅強的意志力，而常常受制於人。於是破財、被劫財、盜財、被暗害，背叛的事情常發生。就是因為這些人看準了『太陰坐命』卯、酉宮的人個性軟弱，根本沒法子制得

住他們，因此而猖狂。因此『太陰坐命』卯、酉宮的人，必須加強意志力，強硬起來。否則被屬下、朋友欺負的事情是不會斷的。

『太陰坐命』辰、戌宮的人

太陰坐命辰、戌宮

廉貞(陷) 貪狼(陷) 巳	巨門(旺) 午	天相(得) 未	天同(旺) 天梁(陷) 申
命宮 太陰(陷) 辰			僕役宮 武曲(平) 七殺(旺) 酉
天府(得) 卯			太陽(陷) 戌
寅	紫微(廟) 破軍(旺) 丑	天機(廟) 子	亥

巳	天機(廟) 午	紫微(廟) 破軍(旺) 未	申
太陽(旺) 辰			天府(旺) 酉
僕役宮 武曲(平) 七殺(旺) 卯			命宮 太陰(旺) 戌
天同(平) 天梁(廟) 寅	天相(廟) 丑	巨門(旺) 子	廉貞(陷) 貪狼(陷) 亥

『太陰坐命』辰、戌宮的人，僕役宮是『武曲、七殺』。這也是不好的朋友運。

當『武曲、七殺』入僕役宮時，『武曲居平、七殺居旺』。這表示出此人的朋友中多半是窮凶急惡的人，朋友們的財運都不佳，經濟狀況在中下等，常來借錢，借不到就翻臉。

『太陰坐命』的人，都是溫柔多情的人。也很怕得罪人，或與人有不愉快發生。但是朋友都太強勢，個個性格剛硬，不留轉圜的餘地，很讓他煩惱。

『太陰坐命』辰宮的人，本身命宮就居陷，再加上遷移宮的『太陽』也居陷，本身財務就困難，生財的路子少、外在的環境讓他鬱悶，並且與男性的關係也不好。擁有的也只是窮朋友，彼此的關係更是雪上加霜。因此太陰坐命辰宮的人總是委曲求全、小心翼翼的害怕得罪這些人了。

『**太陰坐命』戌宮的人，**本身命宮居旺，財多。遷移宮的『太陽』也居旺。他會心情開朗，在男性社會中更得人緣。也因此而遭朋友嫉妒。朋友相處的方式仍是與金錢的糾葛有關。凡是談到錢就傷感情了。這些劫財、剛強、行動又快速的朋友不斷以侵略式姿態入侵，讓『太陰坐命』戌宮的人無法招架，常因衝突而頻頻氣憤落淚。

『太陰坐命』巳、亥宮的人

『**太陰坐命』巳、亥宮的人，僕役宮也是『七殺』**。朋友運也不好。這兩個命格的人，是因為外在環境多變動（遷移宮是天機陷落），而且常有愈變愈壞的趨勢。

太陰坐命巳、亥宮

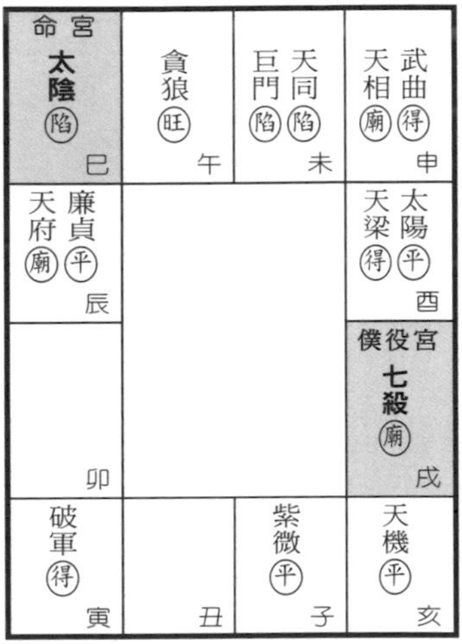

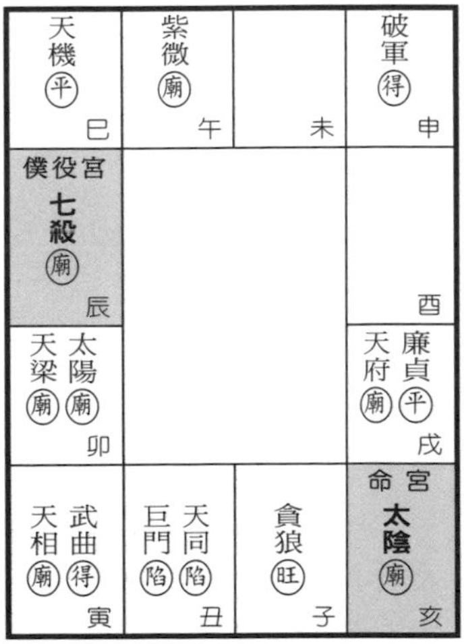

『太陰坐命』的人是溫柔、行動力有點緩慢的人，在他的朋友群中都是些快速行動力，直來直往，可殺伐、衝軍打仗、陣前拚命的朋友。這些人老是嫌『太陰坐命』巳、亥宮的人太軟弱，頻頻挑剔，語出不遜。而『太陰坐命』巳、亥宮的人，也嫌他們太衝動了，不夠溫和理智，因此他們和朋友之間就有些心結產生。

舉例：總統馬英九先生是『太陰坐命』亥宮

馬英九先生　命盤

遷移宮 天機 辛巳	疾厄宮 紫微　右弼 壬午	財帛宮 陀羅　天鉞 癸未	子女宮 破軍　火星　祿存　左輔 甲申
僕役宮 **七殺　天空** 庚辰	陽男 庚寅年		夫妻宮 擎羊 乙酉
官祿宮 太陽化祿　天梁　文昌 己卯	土五局		兄弟宮 廉貞　天府　鈴星 丙戌
田宅宮 武曲化權　天相 戊寅	福德宮 天同化科　巨門　天魁　天刑 己丑	父母宮 貪狼 戊子	**命宮** **太陰化忌　文曲** 丁亥

『太陰坐命』巳、亥宮的人，命格中多少具有官格。朋友中兇一點，強硬一點的人，會常有取而代之的想法而伺機而動。在這種情況下，造成對他們很大的威脅，因此相處情況始終不好。『太陰坐命』巳、亥宮的人也瞭解自己性格上的柔軟的本質，他也需要這些悍將式的朋友、屬下替自己打拚江山，因此只有任由這種關係存在。也只有利用流年運程的好壞來使朋友運的『七殺運』發生消長，而自保了。

9 『貪狼坐命』的人

『貪狼單星』坐命，有六種不同的型式：分別是『貪狼坐命』子宮的人、『貪狼坐命』午宮的人、『貪狼坐命』寅宮的人、『貪狼坐命』申宮的人、『貪狼坐命』辰宮的人、『貪狼坐命』戌宮的人六種。

『貪狼坐命』子、午宮的人

貪狼坐命子、午宮

僕役宮 天機(平) 巳	紫微(廟) 午	未	破軍(得) 申
七殺(廟) 辰			酉
太陽(廟) 天梁(廟) 卯			廉貞(平) 天府(廟) 戌
武曲(得) 天相(廟) 寅	天同(陷) 巨門(陷) 丑	命宮 貪狼(旺) 子	太陰(廟) 亥

太陰(陷) 巳	命宮 貪狼(旺) 午	天同(陷) 巨門(陷) 未	武曲(得) 天相(廟) 申
廉貞(平) 天府(廟) 辰			太陽(平) 天梁(得) 酉
卯			七殺(廟) 戌
破軍(得) 寅	丑	紫微(平) 子	僕役宮 天機(平) 亥

『貪狼坐命』子、午宮的人，其僕役宮都是『天機陷落』，這是非常不佳的朋友運。

當有『天機陷落』進入僕役宮時，顯示出此人的朋友中多半是智慧沒有此人高，行動力沒有此人迅速，但又頻頻作怪，不合作，能力又不足的人。因此彼此常看不順眼，友誼是冷淡、常出現危機的狀況。

『貪狼坐命』子、午宮的人，命宮居旺，此人多半長得身材高挑、俊秀挺拔，非常聰明、智慧高、人又喜歡風雅，其人的遷移宮是『紫微』，他的生活水準高，生活的環境優雅高尚，因此他們多半有些富家、官家人的氣息。對於沒有和他有相同生活水準的人是看不上眼的，再加上他們本身的才智超人。才藝敏慧，喜歡附屬風雅，當然會對笨一點、慢一點、俗一點的人有所挑剔，而態度冷淡。

『貪狼坐命』子、午宮的人，因『貪狼』是桃花星，一般都是外表俊美、人緣又好的人，但是他們本性油滑，從不得罪人。對別人都是以表面上有禮、有人緣、實際內心的話是從不對別人講的。就連最親的親人也不會透露，他們對人總有保留態度。常常對某些討厭的人，討厭的事物採取閃躲避的態度，而不直接面對。因此當他們面對不合他水準的朋友，常借故開溜不見面，也不明講什麼，讓別人對他的行徑莫測高深。

『貪狼坐命』子、午宮的人，思想速度快、行動也快，做事馬虎潦草，有時根本是不負責任。常要留下一些尾巴，讓人替他擦屁股，因此也使得朋友、屬下頻生怨言，但又對他無奈何，因為他心情一不好，便失蹤數日，等到心情好時又出現了。笑嘻嘻的好像從未發生過事情一般，真讓人傷腦筋！對這樣的人，朋友都放棄對他懷有希望了，就算有再重大的事情也不敢委任於他。這種不信任感和不確定感造成『貪狼坐命』子、午宮的人朋友運不好。這是性格的問題，要改善也很難。

『貪狼坐命』寅、申宮的人

貪狼坐命寅、申宮

天梁(陷) 巳	七殺(旺) 午	僕役宮 未	廉貞(廟) 申
紫微(得) 天相(得) 辰			酉
天機(旺) 巨門(廟) 卯			破軍(旺) 戌
命宮 貪狼(平) 寅	太陽(陷) 太陰(廟) 丑	武曲(旺) 天府(廟) 子	天同(廟) 亥

天同(廟) 巳	武曲(旺) 天府(旺) 午	太陽(得) 太陰(陷) 未	命宮 貪狼(平) 申
破軍(旺) 辰			天機(旺) 巨門(廟) 酉
卯			紫微(得) 天相(得) 戌
廉貞(廟) 寅	僕役宮 丑	七殺(旺) 子	天梁(陷) 亥

『貪狼坐命』寅、申宮的人，僕役宮都是『空宮』，而有『太陽、太陰』來相照。僕役宮是『空宮』的朋友運都不強，有『日月』同宮相照，則朋友運起起伏伏，變化很大，因此也不算很好的朋友運。

當僕役宮是『空宮』，而又有『日月』同宮相照時，此人的朋友運很薄弱，時冷時熱，變化無常。此人的朋友中多半是陰陽怪氣，情緒變化很快速，沒有什麼章法的人。

『貪狼坐命』寅、申宮的人，命宮中的『貪狼星』居平位，聰明才智，才藝都沒有居旺的人高。但仍然是個快手、快腳的人，他們的運氣也不如命宮居旺的人好。**他們遷移宮是『廉貞居廟』**，表示出他們環境裡所遇到的人事物全是精於計謀，老謀深算的人，他自己本身也必須用很多思慮來經營或抵制這些人事物所產生的問題，因此們他們在工作和生活裡，所費的心力較大，但是他本身性格中馬虎、愛享愛，有點自私的心態是不變的。再加上他自以為聰明的圓滑手段，以及攀權附勢的心態，友誼間時冷時熱，晴時多雲偶陣雨的狀況就時常發生了。

舉例：毛澤東先生是『貪狼、文曲』坐命申宮

毛澤東先生 命盤

子女宮	夫妻宮	兄弟宮	**命宮**
天同 丁巳	武曲 天府 文昌 戊午	太陽 太陰化科 火星 天鉞 己未	**貪狼化忌 文曲** 庚申
財帛宮 破軍化祿 《身宮》 丙辰			**父母宮** 天機 巨門化權 辛酉
疾厄宮 天魁 地劫 乙卯			**福德宮** 紫微 天相 台輔 紅鸞 沐浴 壬戌
遷移宮 廉貞 鈴星 左輔 天馬 甲寅	**僕役宮** **擎羊** 乙丑	**官祿宮** 七殺 祿存 右弼 甲子	**田宅宮** 天梁 陀羅 天姚 癸亥

交友發財術

**『貪狼坐命』寅宮的人，僕役宮相照的『日月』，『太陽』是居陷的，『太陰』是居廟的，他會與男性的交往中頻受挫折，而與女性的緣份較好，本身也傾向於愛賺錢，女性會給他帶來財利。而在男性社會團體中競爭力較差。因此這個命格的人想要與男性上司交好而升官，比較有困難，必須靠流年運程來補足與男性的朋友運。

**『貪狼坐命』申宮的人，僕役宮相照的『日月』，『太陽』是居旺的、『太陰』是居陷的，因此此人與男性較融洽，利於升職、升官。但是與女性的交往就會受挫，並且在財利上無法多有冀望。

『貪狼坐命』寅、申宮的人的朋友運，始終停留在忽雲忽雨的境界，這是與外在環境有關，並且與他自身並不想與人有密切的交心有關聯的，當僕役宮的『空宮』中進入『文昌、文曲、左輔、右弼、天魁、天鉞』等六吉星時，朋友尚稱得力，來往的方式也很文明，但冷熱的變化依然存在。當僕役宮的『空宮』中進入『羊、陀、火、鈴』等四煞星時，朋友群全是陰險鬥狠之輩，朋友運不吉。『貪狼坐命』寅、申宮的人，就算是再圓滑、再會躲避，都逃不出因朋友而引起的災禍的。

『貪狼坐命』辰、戌宮的人

貪狼坐命辰、戌宮

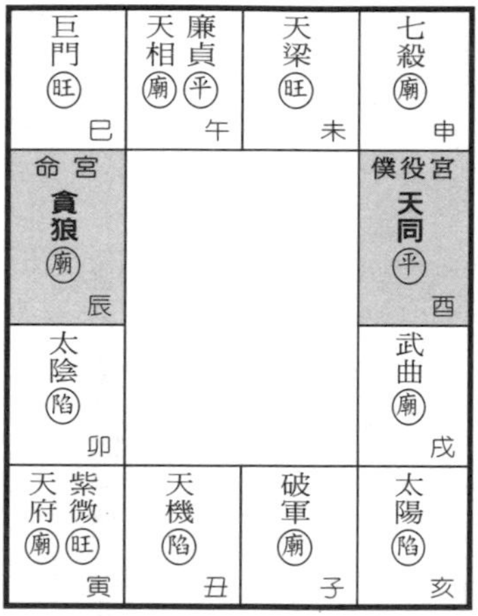

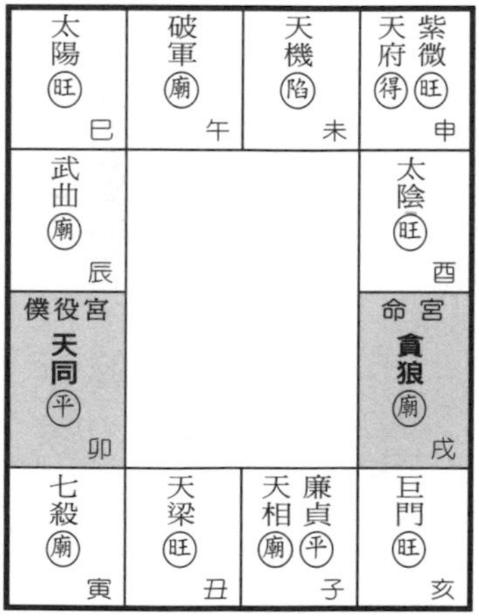

交友發財術

『貪狼坐命』辰、戌宮的人，其僕役宮是『天同星』，而這個『天同星』是居平位的。

當『天同居平』進入僕役宮時，此人的朋友運還不錯。『天同』是福星，居平時，勞碌多一點，但仍不失溫和、莊重、福星的氣質。此人會擁有溫和、世故、通情達理的朋友，雖然他們智慧不如『天同居旺』時高，但是仍能夠親愛精誠、處處體諒、玩樂多一點的相處在一起，這在他人的眼中已經是令人份外艷羨的福份與朋友運了。

『貪狼坐命』辰、戌宮的人，本命居廟旺，是非常具有強勢風格的人，但是他們為人圓滑，運勢又特別強，因此也從不會疾言厲色對部屬和朋友。縱使朋友和屬下有了過錯，他因為性子急，會頻頻擦汗，非常緊張，拼命找解決的方法，也很少會重責人的。

『貪狼坐命』辰、戌宮的人，性子急躁，做事有些馬虎，且常發生虎頭蛇尾之事，因此他需要很好的幫手來幫他。並且也非常倚重這些人。所幸的是他們的遷移宮是『武曲財星』，所處的環境就是富有多財的環境，『貪狼坐命』辰戌宮的人也捨得花錢，（財帛宮是破軍），因此把周邊的朋友屬下都照顧得很好。周圍的人也樂於替他賣命。**吳伯雄先生就是『貪狼坐命』辰宮的人。**

『貪狼坐命』辰宮的人，還有暴發運，不但會多得財富，在人生際遇上也有暴發增貴的現象，因此不能不說他們是命強、運也強的人。

不過『貪狼坐命』辰宮的人，仍有美中不足的事，那就是命盤中的『太陽』居陷，『太陰』也居陷，這會在流年逢到時，在男性與女性的交際場合受挫，也會使整個命程多增兩年的不順。『貪狼坐命』戌宮的人，就運氣較好，命盤中的『日月』皆居旺位，因此友誼順暢，根本沒有這個煩惱了。

吳伯雄先生 命盤

父母宮 巨門 陀羅 天姚 己巳	福德宮 廉貞 天相 祿存 文曲化忌 右弼 陰煞 庚午	田宅宮 天梁化科 擎羊 辛未	官祿宮 七殺 文昌 左輔 天鉞 台輔 壬申
命宮 **貪狼化權** 戊辰			**僕役宮** **天同 天空** 癸酉
兄弟宮 太陰 丁卯			遷移宮 武曲化祿 甲戌
夫妻宮 紫微 天府 丙寅	子女宮 天機 地劫 天刑 丁丑	財帛宮 破軍 鈴星 天魁 丙子	疾厄宮 太陽 火星 乙亥

10 『巨門坐命』的人

『巨門』單星坐命時，也有六種不同的形式，如『巨門坐命』子宮、『巨門坐命』午宮、『巨門坐命』辰宮、『巨門坐命』戌宮、『巨門坐命』巳宮、『巨門坐命』亥宮等六種。

『巨門坐命』子、午宮的人

巨門坐命子、午宮

僕役宮 巳	天機(廟) 午	紫微(廟) 破軍(旺) 未	申
太陽(旺) 辰			天府(旺) 酉
武曲(平) 七殺(旺) 卯			太陰(旺) 戌
天同(平) 天梁(廟) 寅	天相(廟) 丑	命宮 巨門(旺) 子	廉貞(陷) 貪狼(陷) 亥

廉貞(陷) 貪狼(陷) 巳	命宮 巨門(旺) 午	天相(得) 未	天同(旺) 天梁(陷) 申
太陰(陷) 辰			武曲(平) 七殺(旺) 酉
天府(得) 卯			太陽(陷) 戌
寅	紫微(廟) 破軍(旺) 丑	天機(廟) 子	僕役宮 亥

交友發財術

『巨門坐命』子、午宮的人，僕役宮都是『空宮』，並且有『廉貞、貪狼相照』。朋友運為不佳的狀況。

當僕役宮為『空宮』，又有『廉貪相照』時，『廉貪』雙星同宮坐於巳、亥宮都是居陷落之位的。這表示朋友運不強，根本就結交不到好的、正派的、從善如流的朋友。在他的朋友群中都是中下階層的人，縱使有地位稍高的人，也是以利益相勾結，時常反目為仇的交友形態。

當僕役宮有『廉貪相照』時，人緣並不好，對選擇朋友的能力也差，但是他們很羨慕別人都有朋友，和別人與朋友之間融洽的氣氛，於是很努力的認識朋友，凡是見過面，或沒見過面的都可以做朋友，也就是說凡是人都可以做朋友，來者不拒，他們如此的愛好朋友，其實是找賺錢的機會，及利益的輸送管道。倘若這個人沒有什麼能耐，又一點賺錢的路子都沒有，他便把目標又轉向別人他處去了。也因此，他們換朋友的速度很快。

『巨門坐命』子、午宮的人，能說善道、好辯，能把死的說成活的。更能夠無中生有，煞有其事，本身性格多疑，做事進進退退、反反覆覆，喜歡做欺騙掩埋之事，也喜歡做違背常理之事。嘴巴厲害，口舌便佞，遇到不利於自己的事情時，就推責諉過。他們與朋友相交的方式，就是剛開始相識時，稱兄道弟，義薄雲天，而不超出三個月，就以惡交終了。

不過『巨門坐命』子、午宮的人，還有一項特異功能，就是當自己有利益需求時，立刻會想盡辦法與交惡的朋友修好。倘若沒法子達到修好的目的，他就死纏著人家，一直到對方答應修好為止。雖然巨門坐命子、午宮的人有這種特異功能，但是正直和正派的人，還是不會與他們為伍的。因為正派的人都知道，其實『巨門坐命』子、午宮的人是以

交友發財術

小人度君子之腹，把別人看作和他一樣是毫不尊重友誼，只以利益為重的人，高雄市長謝長廷就是『巨門坐命』子宮的人。

『巨門坐命』子、午宮的人，當僕役宮的『空宮』中進入『文昌』、『文曲』時，其人所交的朋友，多半是外表相貌不錯，口才好，有一點文化氣息，但都脫離不了淫色，也就是多半吃喝嫖賭之類的朋友。**而僕役宮中進入『左輔』、『右弼』時**，朋友之中的角色也多與黑道有關，也可能是盜竊宵小之輩。**當僕役宮的『空宮』進入『陀羅、火、鈴』時，有『陀羅』在僕役宮的人**，是擁有智商不高、愚笨又邪佞的朋友。彼此相交初善終惡，很快的就反目成仇，彼此相互報負、憎恨、陷害，無休無止。**而僕役宮的『空宮』有『火、鈴』入宮時**，所交的朋友也不是善類，他們多半會追逐流行時髦，性情急躁火暴，不做正事，沒有正當職業，又自以為聰明，遊手好閒的人。

『巨門坐命』辰、戌宮的人

巨門坐命辰、戌宮

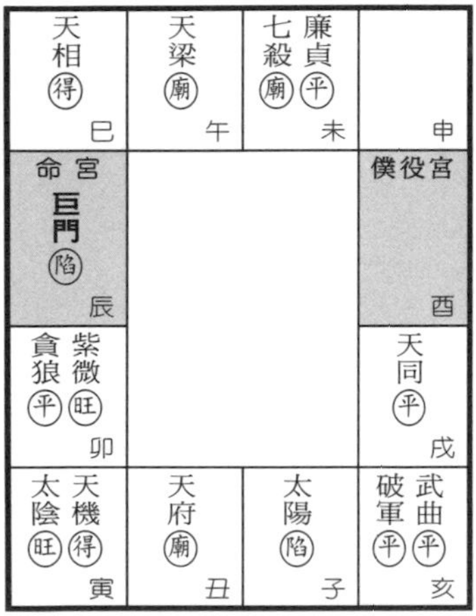

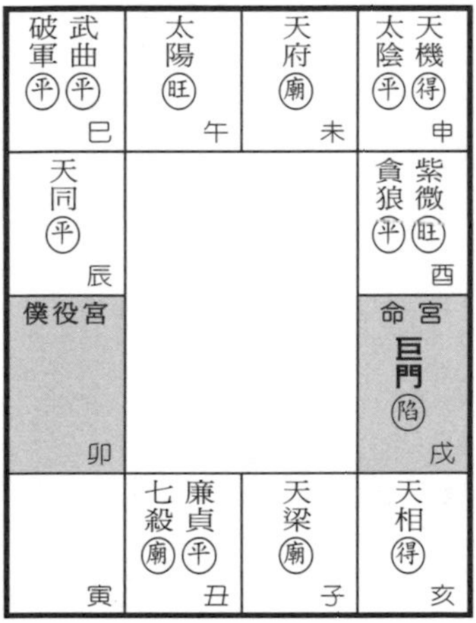

『巨門坐命』辰、戌宮的人，其僕役宮也是『空宮』，有『紫貪相照』，只要沒有『羊、陀、火、鈴』進入僕役宮都會有還不錯朋友運。

當僕役宮是『空宮』，而有『紫貪相照』時，都會有下列現象在朋友運中。朋友群中都是比自己地位高，比自己更有權勢的人，但彼此相交很冷淡，談不上能彼此幫助、有助益。

『巨門坐命』辰、戌宮的人，本命『巨門』落陷。因此是非口舌多，思想扭曲混亂，常指鹿為馬，積非成是。又常自作聰明，喜歡做怪，心思又變化無常，喜歡用冷熱無常的態度去控制別人。他們一會兒對人極好，極度體貼，一會兒又冷若冰霜，讓人弄不清何時得罪了他。還想要瞭解自己過錯的人，便跌入他所設的陷井之中，讓他給擒獲了，於是予取予求，因此凡是他心中想要得到什麼東西，或是心中有什麼念頭時，就常故技重施。

『巨門坐命』辰、戌宮的人，多半沒有工作，或是固定的職業，而以依賴他人維生，因此他們用這種控制人的方法而達到自己的目的。他們遷移宮是『天同居平』。他所處的環境就是溫和的，有點笨的，坐享其成的環境，周遭所遇到的人，都懶得與他計較。怕他嘮叨，胡說八道，怕他惹是非而讓著他。

交友發財術

『巨門坐命』辰、戌宮的人，不論是兄弟、朋友都會具有地位、財富與權勢，但是和他之間的關係冷淡，也不會忠心於他，並且常牽累於他，好事不會找他，壞事都會拖他下水。他所依靠的就是配偶所帶給他的財利。因此他們的朋友運，始終停留在看起來很不錯，但實際沒有助益的層次上。

李前總統夫人曾文惠女士是『巨門』坐於辰宮的人。白曉燕命案凶嫌陳進興是『巨門化忌』坐命辰宮的人。命宮有『化忌』，當然頭腦更混亂，扭曲、又邪佞低賤了。由此也可知道為什麼謝長廷會狀似大義的要替陳進興辯護，卻又不敢真的當他的律師了。

『巨門坐命』辰、戌宮的人，有『文昌、文曲、左右』進入僕役宮時，朋友是外表秀麗整齊。**在酉宮，**文化層次高，喜歡用交際手腕攏絡人。**在卯宮，**朋友是文化素質低、外表也較粗俗的人，但都喜歡巴結權貴之人。若有『擎羊、火、鈴』進入僕役宮時，朋友比較凶悍陰險。

有『火、鈴』時，可助旺你的暴發運，但是朋友運仍是不佳的狀態，他們和你全都是貪得無厭的人。

『巨門坐命』巳、亥宮的人

巨門坐命巳、亥宮

命宮 巨門(旺) 巳	廉貞(平) 天相(廟) 午	天梁(旺) 未	七殺(廟) 申
貪狼(廟) 辰			天同(平) 酉
太陰(陷) 卯			僕役宮 武曲(廟) 戌
紫微(旺) 天府(廟) 寅	天機(陷) 丑	破軍(廟) 子	太陽(陷) 亥

太陽(旺) 巳	破軍(廟) 午	天機(陷) 未	紫微(旺) 天府(得) 申
僕役宮 武曲(廟) 辰			太陰(旺) 酉
天同(平) 卯			貪狼(廟) 戌
七殺(廟) 寅	天梁(旺) 丑	廉貞(平) 天相(廟) 子	命宮 巨門(旺) 亥

『巨門坐命』巳、亥宮的人，其僕役宮是『武曲居廟』。這不但是最佳的朋友運，同時也是『巨門坐命』中最好的朋友運。

交友發財術

當『武曲居廟』進入僕役宮時，都是經濟能力非常好的富人階級，朋友中也多半是行商的商人和具有權勢的政治性人物，而且他們的地位都很高，都是上層社會的中堅份子。彼此相處的狀況，是以利益為結構，朋友中是正派而剛直的人。

『巨門坐命』巳、亥宮的人，本命『巨門居旺』，是能言善道，為人機智，很會察言觀色的人。**他們遷移宮是『太陽』，**所處的環境就是寬宏、不計較是非、有容乃大的境界。雖然『巨門坐命』的人都有口舌是非的習性，但周圍的人會原諒他。**『巨門坐命』亥宮的人，**遷移宮的『太陽居旺』，更有無比的好運氣，在男性社會團體中會展露頭角，而成為上層社會的一員。**『巨門坐命』巳宮的人，**遷移宮中的『太陽陷落』，在男性的社會與團體中沒有競爭力，所遇到的男性朋友也是寬和、冷淡、不得力、沒有深交的。朋友運較差一點，但朋友仍然是富有多金的上層社會之人士。

『巨門坐命』巳、亥宮的人，只要『命、財、官』三方沒有太多的煞星介入，都會具有『陽梁昌祿』格和『機月同梁』格。這種命格大多在學術機構，或公職中具有特定的地位。他們由於學識較高，有專業的素養，當然也是大企業老闆與政治人物所爭相結交的對象了。

11 『天相坐命』的人

『天相』單星坐命的人，命格形式也有六種。如『天相坐命』丑宮的人、『天相坐命』未宮的人、『天相坐命』卯宮的人，『天相坐命』酉宮的人、『天相坐命』巳宮的人、『天相坐命』亥宮的人等六種命格。

『天相坐命』丑、未宮的人

天相坐命丑、未宮

巳	午	未	申
	僕役宮 天機(廟)	紫微(廟) 破軍(旺)	
辰 太陽(旺)			酉 天府(旺)
卯 武曲(平) 七殺(旺)			戌 太陰(旺)
寅 天同(平) 天梁(廟)	丑 命宮 天相(廟)	子 巨門(旺)	亥 廉貞(陷) 貪狼(陷)

巳	午	未	申
廉貞(陷) 貪狼(陷)	巨門(旺)	命宮 天相(得)	天同(旺) 天梁(陷)
辰 太陰(陷)			酉 武曲(平) 七殺(旺)
卯 天府(得)			戌 太陽(陷)
寅	丑 紫微(廟) 破軍(旺)	子 僕役宮 天機(廟)	亥

『天相坐命』丑宮時，本命『天相』是居旺的，而命坐未宮為居得地之位。而他們的僕役宮都是『天機居旺』。

當『天機居旺』進入僕役宮時，所結交的朋友群中都是聰明伶俐、智商很高、心思很活的人。必須要有一定水準的聰明靈巧，才能與他們相處和諧愉快。

『天相坐命』丑、未宮的人，命宮都在中上等的格局，因此聰明才智算是頗高的了。況且，『天相』是福星，又有勤勞，任勞任怨，謹慎穩重，溫和真誠的優點，做事公正，喜歡為人排解糾紛難題，本身就是具有眾多人品上的優勢，也是朋友心中最佳益友的人選。**在他們僕役宮的『天機』所形成的『機月同梁』格中也顯示出來，**他們的朋友多半是上班族、薪水階級的人。由於他們自身的人品端正，謹慎持重，朋友群中雖有些利用小聰明作怪的人，他也能應付的很好，壓制一些邪魔歪道的人。因此朋友運是非常好的，而且又能管束部屬、下級。他們不是以強勢的力量來壓制人，而是以溫和、勸進的方式來引導人，使人信服他們，而對他們忠心。這種以德服人的力量卻真是最成功的待人處世的藥方了。

當僕役宮中的『天機』與『擎羊』同宮，朋友運就不好了。朋友群中多半是喜歡作怪又險陰奸詐的人，並頻頻使『天相坐命』丑、未宮的人受害。

而此時『天相坐命』丑、未宮的人，也會用陰險狡詐的方法懷疑別人，並回敬回去。當『天機』與『火、鈴』同處於僕役宮時，朋友運也受到傷害，朋友中都是火爆急躁，喜歡製造是非混亂的人。同時『天相坐命』丑、未宮的人，也會以急躁、沒有禮貌的態度來處理人際關係。

『天相坐命』卯、酉宮的人

天相坐命卯、酉宮

紫微(旺) 七殺(平) 巳	午	未	僕役宮 申
天機(平) 天梁(廟) 辰			廉貞(平) 破軍(陷) 酉
命宮 天相(陷) 卯			戌
太陽(旺) 巨門(廟) 寅	武曲(廟) 貪狼(廟) 丑	天同(旺) 太陰(廟) 子	天府(得) 亥

天府(得) 巳	天同(陷) 太陰(平) 午	武曲(廟) 貪狼(廟) 未	太陽(得) 巨門(廟) 申
辰			命宮 天相(陷) 酉
廉貞(平) 破軍(陷) 卯			天機(平) 天梁(廟) 戌
僕役宮 寅	丑	子	紫微(旺) 七殺(平) 亥

『天相坐命』卯、酉宮的人，其僕役宮是『空宮』、有『陽巨相照』的格式。

『天相坐命』卯宮的人，僕役宮是『空宮』，由兄弟宮回照過來的星曜中，『太陽居旺、巨門居廟』，朋友運雖屬不強，但都是心地開朗，不喜歡用頭腦想事情，說話不經大腦、心無城府之人。他們很喜歡說話，吵吵鬧鬧，是是非非糾纏不清，也不會記仇。隔兩天又玩到一塊去了。**當僕役宮中有『昌、曲、左輔、右弼』入宮時，**朋友們還都是規矩的、體面的正派人，雖然有一點口舌是非，但大家還能自重、節制、相處愉快、並且仍能講義氣的相互幫助。**但是僕役宮中有『陀羅、火、鈴』進入時，**朋友們都不為善類了。有『陀羅』在僕役宮的人，有愚笨頑固的朋友，常常遭他們的愚笨而受害，**又僕役宮有『火、鈴』進入時，**朋友是性情急躁火暴，沒有禮儀的大嗓門，一天到晚大驚小怪。到重要的時刻要用到他時又反臉不認人，因此朋友運極差。

『天相坐命』酉宮的人，僕役宮也是『空宮』，而相照的星曜中，『太陽』在申宮是日落西山的，只有『巨門星』居廟，因此為是非較多的朋友運。謠言、傳聞、道聽塗說是他們拿手的能耐，長舌與不負責任，事後推拖隱瞞又是他們的技倆，因此朋友運也不佳，**有『文昌、文曲、左輔、右弼』進入僕役宮時，**朋友是外表忠厚體面，但仍不得力，而喜歡製造散佈謠言、混亂的人。**有『陀羅、火、鈴』進入僕役宮時，**朋友就是直接危害你的人，不能不防。

『天相坐命』卯、酉宮的人，其遷移宮都是『廉破』，他所處的環境是一種比較險惡，會勾心鬥角的環境。周遭的人，文化水準和智慧都不高，而且不懂禮儀，行為乖張，都是一些中下層社會的人，或是具有草莽性格的人。也可以說『天相坐命』卯、酉宮的人，本身就身處在強勢的、掠奪性很強烈的環境中，要與這些人為伍，『天相坐命』卯、酉宮的人是以溫和柔弱的態度來以柔克剛的，當然所展現的朋友運不會太好。

『天相坐命』巳、亥宮的人

天相坐命巳、亥宮

巳	午	未	申
命宮 天相(得) 巳	天梁(廟) 午	廉貞(平) 七殺(廟) 未	申
巨門(陷) 辰			酉
紫微(旺) 貪狼(平) 卯			僕役宮 天同(平) 戌
天機(得) 太陰(旺) 寅	天府(廟) 丑	太陽(陷) 子	武曲(平) 破軍(平) 亥

巳	午	未	申
武曲(平) 破軍(平) 巳	太陽(旺) 午	天府(廟) 未	天機(得) 太陰(平) 申
僕役宮 天同(平) 辰			紫微(旺) 貪狼(平) 酉
卯			巨門(陷) 戌
寅	廉貞(平) 七殺(廟) 丑	天梁(廟) 子	命宮 天相(得) 亥

『天相坐命』巳、亥宮的人，其僕役宮是『天同居平』，這是一種溫和、和諧的朋友運，但會為朋友操勞付出。朋友中多半是些平常很愛玩、性格溫和而愛享福的人，等到真正有事，要找他們幫忙時，仍是還

交友發財術

有一些用處的朋友，並不會形成酒肉朋友相剋害破耗的情形，因此算是一種很好的朋友運。

『天相坐命』巳、亥宮的人，其遷移宮是『武曲、破軍』，表示其所處、所生存的環境是財少又混亂的環境，周圍都是經濟狀況較差、不富裕、行為較開放，言行沒有禮儀的人。也就是朋友群屬於中下層社會的人。而他們代表感情抒發的夫妻宮又是『紫貪』，人緣相當好，又喜充老大來照顧人與朋友結交。在這樣的個性前題下，『天相坐命』巳、亥宮的人付出得多，又喜歡調節紛爭，又會整合朋友中各種性格的人，擁有某種領導力，自然會使朋友合諧。若是要用到他們時，他們也自然會泉湧相報了。

『天相坐命』巳、亥宮的人，當僕役宮中有『文昌、文曲、左輔、右弼』同宮時，其中『天相坐命』巳宮，僕役宮中若有『文昌、文曲』和『天同』同宮時，『昌、曲』居戌宮落陷，朋友是文化水準不高，形貌較邋遢、智慧、精明度、才藝都不高的人。彼此也較冷淡。但是『天相坐命』巳宮的人，若僕役宮有『左輔、右弼』入宮，反倒具有可相助、互相支援，情感深厚的好朋友。

『天相坐命』亥宮的人，若僕役宮進入『昌曲、左右』時，因『昌曲』在辰宮居得地合格之位，朋友的精明度、智慧、禮儀、親和力都會較好，朋友運很不錯。

『天相坐命』巳、亥宮的人，若有『擎羊、陀羅、火、鈴』進入僕役宮時，都會具有外表溫和、心地險詐的朋友。當僕役宮中的『天同』和『火、鈴』同宮時，易與黑道人士結交。因此全都不是優良的朋友運。而且人際關係常建立在險惡的關係上，也常遭人憎恨、指責。

12 『天梁坐命』的人

『天梁』單星坐命時，有六種不同的型式，分別是『天梁坐命』子宮、『天梁坐命』午宮、『天梁坐命』丑宮、『天梁坐命』未宮、『天梁坐命』巳宮、『天梁坐命』亥宮。

『天梁坐命』子、午宮的人

『天梁坐命』子、午宮的人，其僕役宮是『武破』，朋友運極為不佳。**當『武曲、破軍』進入僕役宮時**，朋友中多半是窮朋友，而且地位比自己低，他們是一些行為較不自重，不懂禮儀的人。這些人常搖擺，見風轉舵，不顧正義和是非、道德，只是一時的尋求利益。因此都算是一些爛朋友。

天梁坐命子、午宮

僕役宮 武曲(平) 破軍(平) 巳	太陽(旺) 午	天府(廟) 未	天機(得) 太陰(平) 申
天同(平) 辰			紫微(旺) 貪狼(平) 酉
卯			巨門(陷) 戌
寅	廉貞(平) 七殺(廟) 丑	命宮 天梁(廟) 子	天相(得) 亥

天相(得) 巳	命宮 天梁(廟) 午	廉貞(平) 七殺(廟) 未	申
巨門(陷) 辰			酉
紫微(旺) 貪狼(平) 卯			天同(平) 戌
天機(得) 太陰(旺) 寅	天府(廟) 丑	太陽(陷) 子	僕役宮 武曲(平) 破軍(平) 亥

『天梁坐命』子、午宮的人，本命『天梁居廟』，具有強勢的，頑固的性格，更具有霸道、威嚴、孤高、自負的內在思想，他想做的事便一意孤行，義無反顧，非要達成不可。根本不會理會時間上合不合適，別人會不會接受，凡天時、地利、人和的問題一概不考慮。若是要強行做成一件事情，勢必會付出極大的代價。

因此『天梁坐命』子、午宮的人，必須花很多的錢來收買、制服反對他的人。因此在朋友運中破耗較多。久而久之，那些吃過甜頭的人，你若再想用他，也必須供給更大更高的代價，才能讓他們為你效命。**因此『天梁坐命』子、午宮的人，**在用人和結交朋友上的耗費，是節節高升的。

『天梁坐命』子宮的人，其遷移宮是『太陽居旺』的。在他們環境中男性都與他保持良好關係，溫和開朗，但是命盤中的『太陰居陷』，和女人的關係較差一點，而且變化多端而冷淡。

『天梁坐命』午宮的人，其遷移宮是『太陽居陷』，男性朋友和屬下雖溫和寬宏，但不得力，再加上僕役宮是『武破』，要指揮主導這些男性達成自己的希望會更形辛苦。命盤中『太陰』雖是居旺的，和女性的關係好一點，但是『太陰』和『天機』在一起，『天機』主『變』，又增加了變動性和不確定性。因此女性的幫忙也不算多了。

不管如何，『天梁坐命』子、午宮的人，都必須破耗很大，以耗財很多的方式才能交到朋友。而且這些朋友又並不是對他們很忠心、很具有道德正義的人。

基本上『天梁坐命』子、午宮的人，智慧很高、很聰明，但是對於選擇朋友、部屬方面卻是有瑕疵和不明智的。他們以為天下人都愛財，『人為財死，鳥為食亡』，因此用財來引誘他們來為自己賣命。但是人際關係，是一種極微妙的互動關係，必須還要有其他的條件來共同配合，才能形成完美的朋友運。並不一定是有錢就可攏絡、控制朋友的。用錢來收買朋友，反而會收買到貪婪無義的朋友，反受其累。

舉例：李登輝先生就是『天梁坐命』午宮的人

李登輝先生 命盤

兄弟宮 天相 天鉞 天空 地劫 紅鸞 乙巳	**命宮** **天梁化祿** 丙午	父母宮 廉貞 七殺 火星 天刑 丁未	福德宮 戊申
夫妻宮 巨門 文昌 甲辰	陽男		田宅宮 鈴星 沐浴 己酉
子女宮 紫微化權 貪狼 天魁 咸池 癸卯	水二局		官祿宮 天同 文曲 陀羅 庚戌
財帛宮 天機 太陰 左輔化科 天馬 壬寅	疾厄宮 天府 癸丑	遷移宮 太陽 右弼 擎羊 台輔 壬子	**僕役宮** **武曲化忌 破軍 祿存 天姚** 辛亥

『天梁坐命』丑、未宮的人

『天梁坐命』丑、未宮的人，其僕役宮是『破軍居廟』，這也是一種不算太好的朋友運。

天梁坐命丑、未宮

太陽(旺) 巳	僕役宮 破軍(廟) 午	天機(陷) 未	紫微(旺) 天府(得) 申
武曲(廟) 辰			太陰(旺) 酉
天同(平) 卯			貪狼(廟) 戌
七殺(廟) 寅	命宮 天梁(旺) 丑	廉貞(平) 天相(廟) 子	巨門(旺) 亥

巨門(旺) 巳	廉貞(平) 天相(廟) 午	命宮 天梁(旺) 未	七殺(廟) 申
貪狼(廟) 辰			天同(平) 酉
太陰(陷) 卯			武曲(廟) 戌
紫微(旺) 天府(廟) 寅	天機(陷) 丑	僕役宮 破軍(廟) 子	太陽(陷) 亥

當僕役宮有『破軍居廟』入宮時，此人很喜歡結交朋友，也不會計較朋友的素質、朋友中三教九流都有，賢愚正邪各異，五花八門，通

交友發財術

通收在門下，什麼樣的人他都能結交，毫無選擇，表面上有起來他的朋友運很好，朋友多，各行各業都有他所認識的人，要用起人來一定很方便。其實不然，朋友多，花費也大，因此因朋友而耗財。此外，在他的朋友和屬下中雖然有部份是能為他打拚江山的。但也必須要做爭鬥性的事業，他們才會真正有用處，否則也是無用。並且這些朋友的文化水準也不高，多半是些烏合之眾，既不懂禮儀，性格為草莽之族，因此想成大事也難。

『天梁坐命』丑、未宮的人，其遷移宮是『天機陷落』。表示在他的環境裡都是善變、險惡的環境。當然所遇的人也會是善變、險惡的人。在這種狀況下，要能交到正派的，品行正直的朋友並不容易。

事實上，倘若在一群朋友中，有正直、講求品德操守的人，也有喜歡貪便宜、貪權好利之人，或是帶有邪氣行為不算檢點的人。那麼正直、又講究品德操守的人會退縮、離開。倘若朋友中正直、品德高的人較多，而貪婪邪佞的人較少，則邪佞之士會因格格不入也會離開。這個狀況往往都此消彼長、此長彼消。但其主導權往往在於其本人身上。因此本人性格正直，有品德的人，必然會傾向結交正直，品德高的人。而本人性格反覆、是非界線不明，則小人道長，就成為道高一尺、魔高一丈的情況，朋友運自然不佳了。

『天梁坐命』丑、未宮的人，本身喜歡做老大，有霸道、自負、固執的性格，喜歡照顧弱小，支配別人。往往就會被小人利用，以弱勢的姿態接近他，而『天梁坐命』的人並不以為忤，等到小人以親暱的方式與他熟捻了，再以很多的要求來脅制他，為了安撫這些人，『天梁坐命』丑、未宮的人，就必須付出更多的代價來擺平與朋友和與部屬之間的關係。

交友發財術

我們再來看代表『天梁坐命』丑、未宮的人，其代表感情智商的夫妻宮，有『巨門』入宮。在『天梁坐命』丑、未宮的人，先天的感情思想裡，也就是處於他們深層的內心中，便是用一種非常懷疑、疑懼較多的方式來看得別人的。這種對待人的不信任感，在反反覆覆的再三考慮中，仍是無法確定掌握別人是否真是對他有利，或真是對他忠誠。往往考慮太多，計較太多，反而讓正人君子都看透他的心思，識趣的離開了，只留下有利益相糾葛的人在他的身邊。

『天梁坐命』丑、未宮的人，也沒辦法，只好從這些因利益而留下的人中，再來挑選稍為適合他心意的人。瘸子裡面選將軍，當然更無法選出忠誠度高的朋友與部屬來，並且就更要耗費錢財來攏絡這些朋友了。

『天梁坐命』巳、亥宮的人

天梁坐命巳、亥宮

命宮 天梁(陷) 巳	七殺(旺) 午	未	廉貞(廟) 申
紫微(得) 天相(得) 辰			酉
天機(旺) 巨門(廟) 卯			僕役宮 破軍(旺) 戌
貪狼(平) 寅	太陽(陷) 太陰(廟) 丑	武曲(旺) 天府(廟) 子	天同(廟) 亥

天同(廟) 巳	武曲(旺) 天府(旺) 午	太陽(得) 太陰(陷) 未	貪狼(平) 申
僕役宮 破軍(旺) 辰			天機(旺) 巨門(廟) 酉
卯			紫微(得) 天相(得) 戌
廉貞(廟) 寅	丑	七殺(旺) 子	命宮 天梁(陷) 亥

『天梁坐命』巳、亥宮的人，其僕役宮也是『破軍』。同樣是朋友多，破耗也多，三教九流、賢愚正邪俱全的朋友運。

『天梁坐命』巳、亥宮的人，本命『天梁居陷』，他們多半小的

交友發財術

時候得不到父母良好的照顧。長大以後和長輩的關係也非常差。並且他們並不瞭解如何與比他年紀長的人相處。他的態度溫和，只求偏安。因沒有教導他，因此在學習上喜歡偷懶和投機取巧，只是混在同輩和兄弟群中生活。在選擇朋友時更是沒有章法，任何人接近他，都可成為他的朋友。

『天梁坐命』巳、亥宮的人，其遷移宮是『天同居旺』，周圍的環境是是溫和的，沒有競爭力的環境。周圍的人又是愛玩、愛享福的人，因此在他的朋友群中全都是些不喜歡競爭，也不喜歡奮鬥出力的人。受這些朋友的感染，當然他們也沒有上進心了。

其實有很多原因在影響『天梁坐命』巳、亥宮的人的交友運。上述原因只是其一。其二是『天梁坐命』巳、亥的人，命坐四馬宮，喜歡漂泊好動，東奔西走的游蕩遊玩，身邊的環境變化太快，心智不能穩定，再加以多一點的思考。對周圍環境中所見到的人，也都印象不深，更不會去考慮朋友好壞善惡的問題。其三是『天梁坐命』巳、亥宮的人所擁有的感情智商的問題。代表這個問題的中心點夫妻宮中有『天機、巨門』入宮。

『天梁坐命』巳、亥宮的人，非常聰明，情緒是表面穩重平和，實則內在善變而多疑的。同樣的，他們對於人際關係更擁有不確定的懷疑態度，雖然他不計較朋友的正邪之分，天性好玩、又多疑，最後只結交到可一同玩耍的同道中人，當然破財消耗的狀況也比較大了。這在正派人的眼中，或是命理學上，都不以此種朋友運為好的朋友運。**但是由『天梁坐命』巳、亥宮的人的本身立場而言，**他們是感覺不出來的。要等到他運行奮發有為的運程，想要好好工作時，才會瞭解到這些酒肉朋友是多麼不可靠，多麼的靡爛了。

13 『七殺坐命』的人

『七殺』單星坐命時，也會有六種不同的型式，如：『七殺坐命』子宮、『七殺坐命』午宮、『七殺坐命』寅宮、『七殺坐命』申宮、『七殺坐命』辰宮、『七殺坐命』戌宮等六種不同命格的人。

『七殺坐命』子、午宮的人

『七殺坐命』子、午宮的人，其僕役宮都是『天同居廟』。這是非常溫和又完美的朋友運。

當『天同居廟』在僕役宮時，朋友中都是溫和、寬厚、聰明、有智慧，且極懂得人情世故、知書達禮之人。朋友之間的相處狀況是和和氣氣，又能替人著想，沒有一點競爭的殺伐之氣，可以互相幫助，毫不計較的方式。

七殺坐命子、午宮

巳 僕役宮 天同(廟)	午 武曲(旺) 天府(旺)	未 太陽(得) 太陰(陷)	申 貪狼(平)
辰 破軍(旺)			酉 天機(旺) 巨門(廟)
卯			戌 紫微(得) 天相(得)
寅 廉貞(廟)	丑	子 命宮 七殺(旺)	亥 天梁(陷)

巳 天梁(陷)	午 命宮 七殺(旺)	未	申 廉貞(廟)
辰 紫微(得) 天相(得)			酉
卯 天機(旺) 巨門(廟)			戌 破軍(旺)
寅 貪狼(平)	丑 太陽(陷) 太陰(廟)	子 武曲(旺) 天府(廟)	亥 僕役宮 天同(廟)

『七殺坐命』子、午宮的人，本身有吃苦耐勞，堅忍不拔的精神，性格堅強、好動、願意擔當、負責任、做事速度快、喜歡勞碌。並且還有不服輸的性格，凡事都會拼命去做，喜歡冒險，態度也很威嚴，讓人信賴。**他的遷移宮是『武曲、天府』**。雖然他小時候會有身體不好，或家境不好的問題。但成年以後，外面的世界就是一個大財庫。只

要拼命努力去打拚，便沒有得不到的東西。**此外在他感情心智上所代表的夫妻宮是『紫微、天相』**，這正一種具有高貴氣質，以平和思想看待事物，很成熟的感情心智。

也就是說『七殺坐命』子、午宮的人，本身心智成熟，對於待人處世有一套圓融的作法，因此對於朋友，他們會以溫和寬厚的心去對待，而朋友對待他，也同樣是以明理重義的方式回報。如此的朋友運真是其人與朋友合作無間的朋友運了。

『七殺坐命』子、午宮的人，都喜歡在工作上打拚衝刺，因此更需要朋友的支持與合作。因此他們也瞭解朋友運在他的生命中是僅次於家庭的重要資源了。這種人也是最適合和他合作發展事業的夥伴。**宏碁電腦的老闆施振榮先生，就是『七殺坐命』子宮的人。**

『七殺坐命』寅、申宮的人

七殺坐命寅、申宮

太陽(旺) 巳	破軍(廟) 午	僕役宮 天機(陷) 未	紫微(旺) 天府(得) 申
武曲(廟) 辰			太陰(旺) 酉
天同(平) 卯			貪狼(廟) 戌
命宮 七殺(廟) 寅	天梁(旺) 丑	廉貞(平) 天相(廟) 子	巨門(旺) 亥

巨門(旺) 巳	廉貞(平) 天相(廟) 午	天梁(旺) 未	命宮 七殺(廟) 申
貪狼(廟) 辰			天同(平) 酉
太陰(陷) 卯			武曲(廟) 戌
紫微(旺) 天府(廟) 寅	僕役宮 天機(陷) 丑	破軍(廟) 子	太陽(陷) 亥

『七殺坐命』寅、申宮的人，其僕役宮是『天機陷落』。這是一種不太好的朋友運。

當『天機落陷』在僕役宮時，朋友中都是善變，智慧又不高、忠誠度不夠，又喜歡搞怪的朋友，常常為你帶來麻煩、是非，對你一點也沒有幫助，反而是引起破耗、混亂之源。

『七殺坐命』寅、申宮的人，本命居廟，同時也是『七殺仰斗格』、『七殺朝斗格』。命格很強勢，是戰將出馬必有功績的人士。他的遷移宮是『紫微、天府』，所生活的環境是一種高地位、高財富的環境。就是因為高高在上，不知民間疾苦，對於一般人、一般朋友的友情不願放太多的心力，才造成朋友中變化很多及忠誠度也不佳的結果。

我們再看『七殺坐命』寅、申宮的人，感情智商的部份。代表此部份的夫妻宮是『廉貞居平、天相居廟』。這是一種不願意多用思想、企劃，而且重安享的心理狀態。『廉貞』居平，代表智慧與思慮不夠。『天相』是守本份的福星。當福星居廟時，享福太過頭了。由此可見，『七殺坐命』寅、申宮的人，是由於對朋友感情上太依賴，而又對感情經營不夠，以至於讓朋友、部屬人心惶惶，不知如何是好，而反叛、混亂的。只要『七殺坐命』寅、申宮的人能明瞭問題的癥結在於自己，多與朋友、屬下接觸，放棄孤高的心理，便能改善與朋友、部屬的關係，朋友運就會變好。

『七殺坐命』辰、戌宮的人

七殺坐命辰、戌宮

天機(平) 巳	紫微(廟) 午	未	破軍(得) 申
命宮 七殺(廟) 辰			僕役宮 酉
太陽(廟) 天梁(廟) 卯			廉貞(平) 天府(廟) 戌
武曲(得) 天相(廟) 寅	天同(陷) 巨門(陷) 丑	貪狼(旺) 子	太陰(廟) 亥

太陰(陷) 巳	貪狼(旺) 午	天同(陷) 巨門(陷) 未	武曲(得) 天相(廟) 申
廉貞(平) 天府(廟) 辰			太陽(平) 天梁(得) 酉
僕役宮 卯			命宮 七殺(廟) 戌
破軍(得) 寅	丑	紫微(平) 子	天機(平) 亥

交友發財術

『七殺坐命』辰、戌宮的人，其僕役宮是『空宮』，有『太陽、天梁』相照，朋友運較柔弱，並且坐命辰宮與戌宮的人，也會產生不同的朋友運。

『七殺坐命』辰宮的人，僕役宮為『空宮』，有卯宮的『太陽、天梁』相照。『太陽、天梁』都是居廟位的，因此朋友運比命坐戌宮的人強一些。只要沒有『羊、陀、火、鈴、劫、空』等煞星進入僕役客的『空宮』中，都算還不錯朋友運。

當僕役宮為『空宮』，相照的『陽梁居廟』時，朋友群中都是性格開朗豁達、品德高尚、有正義感和慈愛心的朋友。並且與男性的關係特別好，其人具有領導力。朋友中都是具有上進心和地位高、權勢大的朋友。**若有『太陽化忌』相照僕役宮時，**與男性朋友的關係不佳，頻因男性朋友而招惹是非災禍。

若有『擎羊、火、鈴』與『陽梁』一同相照僕役宮，朋友是表面寬大、開朗、而實則內心險詐之人，朋友運就不算好了。

倘若僕役宮中的『空宮』有『文昌、文曲、左輔、右弼』等星進入時，加上相照的『陽梁』，其人的朋友中，多半是長相文質彬彬、精明幹練，且能相助『七殺坐命』辰宮的人的事業的人。朋友運非常好。若有『祿存星』進入僕役宮的空宮中，此人朋友很多，很善良，也能互相幫助，但他不喜歡求人，在朋友中也保持獨來獨往的作風。

『七殺坐命』戌宮的人，僕役宮為『空宮』，有『太陽居平、天梁居得地』之位相照，這個朋友運就不如『七殺坐命』辰宮的人的朋友運了。

『七殺坐命』戌宮的人，當僕役宮為『空宮』，而沒有其他主星入坐時，朋友群中是溫和、地位不高、性情較沈默的人，雖然他們同樣具有寬大的胸懷，但比較懶散、漂泊、待人的熱情也較不足、冷淡一些。當然在相互幫助的努力上也差一點。

『七殺坐命』戌宮的人，當僕役宮的『空宮』，有『文昌、文曲』進入時，『昌、曲』居平，朋友中，文化氣質與精明度都差，地位也不高，多半是中下階層的市井小民之流。因此在事業上的助力是不強的。**若有『左輔、右弼』入僕役宮時，**會有在生活上相幫助的朋友。

『七殺坐命』戌宮的人，當僕役宮的空宮中有『擎羊、火、鈴』入宮時，朋友相互剋害，沒有好的朋友運。**若有『祿存』進入僕役宮時，**朋友們還算有一點得力，但此人較孤獨保守，不願意多與朋友來往，**有『天空、地劫』在僕役宮時，**朋友似有若無，不得力，也來往少。

『七殺坐命』辰、戌宮的人，其人性格剛強、倔強，做事速度很快，速戰速決。他的遷移宮是『廉貞居平、天府居廟』。這是一種雖然很精明、計較但計劃、思慮都不夠周詳，只是靠一些好運、機會去得到財富、好處的環境。這種環境只屬於中等富貴的環境，而代表他情感智慧的夫妻宮有『武曲居得地之位、天相居廟位』，因此在他的內心世界裡，對朋友沒有要求，只要和平相處，不要給他自己找麻煩就好了。因此『七殺坐命辰、戌宮』的人，只要不對朋友有要求，朋友運便是融洽和樂的。**當有『擎羊、火、鈴』入僕役宮，**或相照僕役宮時，他們便會對朋友有要求了，彼此形成刑剋上的拉鉅戰，朋友運便不好了。

14 『破軍坐命』的人

『破軍單星』坐命的人，也有六種命格型式，如『破軍坐命』子宮、『破軍坐命』午宮、『破軍坐命』寅宮、『破軍坐命』申宮、『破軍坐命』辰宮、『破軍坐命』戌宮六種。

『破軍坐命』子、午宮的人

『破軍坐命』子、午宮的人，有『巨門居旺』進入僕役宮時，朋友群中都是口才銳利、喜歡說話、大嗓門，性格開朗，但疑心病重，又喜歡挑剔的人。因為話多、是非也多，因此總是混亂不堪。彼此勾心鬥角。其中某些人甚至是心術不正，陰險狡詐之人。他們不會好好的與人和平共處，總是要製造一些問題，來顯示出自己的能耐。但往往製造出事端又無法收場，風波有愈鬧愈大的趨勢。

破軍坐命子、午宮

僕役宮 巨門(旺) 巳	廉貞(平) 天相(廟) 午	天梁(旺) 未	七殺(廟) 申
貪狼(廟) 辰			天同(平) 酉
太陰(陷) 卯			武曲(廟) 戌
紫微(旺) 天府(廟) 寅	天機(陷) 丑	命宮 破軍(廟) 子	太陽(陷) 亥

太陽(旺) 巳	命宮 破軍(廟) 午	天機(陷) 未	紫微(旺) 天府(得) 申
武曲(廟) 辰			太陰(旺) 酉
天同(平) 卯			貪狼(廟) 戌
七殺(廟) 寅	天梁(旺) 丑	廉貞(平) 天相(廟) 子	僕役宮 巨門(旺) 亥

『破軍坐命』子、午宮的人，本命居廟。『破軍』為耗星，故一生奔波動盪不安，在性格上有剛直、好勝、懷疑心重、反覆不定、私心重、記恨心強、報復心態無以復加的特性。

『破軍坐命』的人，全都是破祖離鄉之人，喜歡創業，在人生上不斷有轉變的格局之人。個性衝動，喜歡打拚，做事總是會形成破耗，

交友發財術

一生中有多次重新開始，有再次開創的格局。

『破軍坐命』子、午宮的人，他的遷移宮是『廉貞居平、天相居廟』，表示在他的外在環境中總是出現智慧、智謀較低而喜歡平和安祥的人們。而表示他內在感情心思的夫妻宮是『武曲』。他的內心是剛直、強硬，又非常喜歡賺錢，並且喜歡以政治的手段來達到自己的目的。在這麼複雜的心態下，又加上他們本身人生中所形成不斷打拚、不斷破耗、人生起起伏伏的階段性波動，會在人際關係中製造是非混亂，再從中得利，就是必然的現象了。

『破軍坐命』子、午宮的人，有時候由自己的破耗而製造出是非混亂，有時候是朋友運中的勾心鬥角所形成的是非混亂。但在這些朋友中，也不見得全不可用，某些人儘管心術不正，陰險狡詐，在利益當前的情況下仍有可利用之處，因此單就『破軍坐命』子、午宮的人本身而言，這個朋友運是好壞參半的朋友運了。

舉例：江澤民先生是『破軍、鈴星』坐命子宮

大陸領導人江澤民先生 命盤

僕役宮 **巨門 祿存** 癸巳	遷移宮 廉貞化忌 天相 擎羊 甲午	疾厄宮 天梁 天鉞 乙未	財帛宮 七殺 地劫 丙申
官祿宮 貪狼 陀羅 壬辰			子女宮 天同化祿 丁酉
田宅宮 太陰 辛卯			夫妻宮 武曲 火星 戊戌
福德宮 紫微 天府 天空 庚寅	父母宮 天機化權 文昌化科 辛丑	**命宮** **破軍 鈴星** 庚子	兄弟宮 太陽 天魁 己亥

『破軍坐命』寅、申宮的人

破軍坐命寅、申宮

太陰(陷) 巳	貪狼(旺) 午	僕役宮 天同(陷) 巨門(陷) 未	武曲(得) 天相(廟) 申
廉貞(平) 天府(廟) 辰			太陽(平) 天梁(得) 酉
卯			七殺(廟) 戌
命宮 破軍(得) 寅	丑	紫微(平) 子	天機(平) 亥

天機(平) 巳	紫微(廟) 午	未	命宮 破軍(得) 申
七殺(廟) 辰			酉
太陽(廟) 天梁(廟) 卯			廉貞(平) 天府(廟) 戌
武曲(得) 天相(廟) 寅	僕役宮 天同(陷) 巨門(陷) 丑	貪狼(旺) 子	太陰(廟) 亥

『破軍坐命』寅、申宮的人，其僕役宮是『天同、巨門』。『天同』和『巨門』同宮時，是雙星俱陷落，因此不吉，算是不好的朋友運。

當『天同、巨門』在僕役宮時，表示其人的朋友中多半是外表假似溫和，實則是勾心鬥角，喜歡搬弄是非之人。這些人，雖然沒有能耐可造就大風波，但是總是不斷散播謠言、傳聞，製造事端，讓人不得安寧，因此朋友運不佳。

『破軍坐命』寅、申宮的人，只要沒有『文昌、文曲』同宮或相照，他的遷移宮是『武曲、天相』，就會有小富小貴的環境，朋友也多半是中產階級的人，但是由他所顯示感情思想的夫妻宮的星曜紫微來看，他又是高高在上，自以為是的人，這種驕傲感、挑剔性，也造成他和朋友之間的格格不入，於是頻生是非、波折而不順。

『破軍坐命』若有『文昌、文曲』同宮或在對宮相照的人，都是外表稱頭，實則窮命的人，一生都不會有錢的。

『破軍坐命』辰、戌宮的人

破軍坐命辰、戌宮

天同(廟) 巳	武曲(旺) 天府(旺) 午	太陽(得) 太陰(陷) 未	貪狼(平) 申
命宮 破軍(旺) 辰			僕役宮 天機(旺) 巨門(廟) 酉
卯			紫微(得) 天相(得) 戌
廉貞(廟) 寅	丑	七殺(旺) 子	天梁(陷) 亥

天梁(陷) 巳	七殺(旺) 午	未	廉貞(廟) 申
紫微(得) 天相(得) 辰			酉
僕役宮 天機(旺) 巨門(廟) 卯			命宮 破軍(旺) 戌
貪狼(平) 寅	太陽(陷) 太陰(廟) 丑	武曲(旺) 天府(廟) 子	天同(廟) 亥

『破軍坐命』辰、戌宮的人，其僕役宮是『天機、巨門』。雙星俱在廟旺之位。

當『天機、巨門』出現在僕役宮時，表示此人的朋友群中全是智商高、有專業學識，友誼冷淡，私下勾心鬥角，頻有是非，但在表面上仍可合作，可以受到控制情緒而交往的一些朋友。因此朋友還算是得力的人。只是情感冷淡不熱烈而已。

『破軍坐命』辰、戌宮的人，好勝心強，喜歡打拚。他的遷移宮是『紫微、天相』。表示在他的環境四周都是高地位、看起來還算表面溫和的人們。在他顯示內在感情思想的夫妻宮是『廉貞居廟』。這是一種喜歡暗中經營策劃的內在思想，因此凡事他都會細心思考，經營一些謀略在生活中，當然對於人際關係中的點點滴滴也會多加思考，細細策劃一翻，因此朋友中雖有冷淡，並不同心的人，他仍可運用人際關係的技巧，巧妙的把他們拉到自己這一邊來為他所用。因此這是一種需要用心力、計謀策劃的朋友運。**前考試院長許水德先生就是『破軍坐命』辰宮的人。**

許水德先生 命盤

父母宮 天同 右弼 天馬 封誥 癸巳	福德宮 武曲 天府 天姚 天魁 甲午	田宅宮 太陽化權 太陰 文昌化忌 文曲化科 乙未	官祿宮 貪狼 陀羅 天空 丙申
命宮 **破軍** 壬辰			**僕役宮** **天機 巨門化祿 左輔 祿存 台輔** 丁酉
兄弟宮 辛卯			遷移宮 紫微 天相 擎羊 〈身宮〉 戊戌
夫妻宮 廉貞 天刑 天鉞 地劫 庚寅	子女宮 鈴星 辛丑	財帛宮 七殺 火星 庚子	疾厄宮 天梁 己亥

交友發財術

從許水德先生的命盤中可以發現他的僕役宮非常好。有『天機、巨門化祿、左輔、祿存、台輔』入宮。這是一種具有高智慧、高等專業環境下，有勾心鬥角情況的朋友運。但是有『巨門化祿、祿存』，有雙祿、巨門又居旺，表示用口才上的優勢和人緣可以化解戰勝處於多變情形下的是非。又有『左輔星』，表示有天生具有的男性輔助力量。台輔代表高尚、體面、注意外表的環境。

整個僕役宮的解釋就是這樣的：許水德先生的朋友運就是在一種外表高尚、體面的環境裡，與一些高智慧、高專業能力的朋友相互鬥智的朋友運。但是由於本身有貴人幫手，並且具有特佳的人緣和口才，可以說服、吸引四周的朋友來為他打拼，為他奮鬥的一種朋友運。

在子年時，許水德先生的流年僕役宮走『天同、右弼、天馬』。流年朋友運是一種溫和、多福、有女性貴人朋友幫忙的朋友運。在丑年的流年僕役宮走『武曲、天府、天魁、天姚』。流年朋友運是富人、正派人士皆來共襄盛舉的特佳朋友運。無怪乎能幫助李登輝先生在兩次大型選舉中得勝了！

交友發財術

15 六吉星在僕役宮的朋友運

『文昌、文曲、左輔、右弼、天魁、天鉞』

『文昌、文曲、左輔、右弼、天魁、天鉞』為六吉星。凡單星入坐僕役宮時，都要看對宮（兄弟宮）中的星曜是什麼，而定朋友運之好壞。有『文昌、文曲』在僕役宮時，更必須要看旺弱強度。**例如『文昌、文曲』在丑、巳、酉宮都是居廟旺之位的。而『文曲』在卯、未、亥是居旺的。『文昌、文曲』在申、子、辰宮都居得地之位為剛合格。**

以上這些算是居旺的『文昌、文曲』在僕役宮出現時，代表朋友中都是有文化素養、有教養、精明、有才藝、長相好、氣質好、工作高尚，不是做粗重的藍領階級的人。朋友群中都是有高水準的人。而自己本身也能以平和、智慧、有禮貌的態度對待他們，因此朋友運算是不錯的。

當『文昌、文曲』在寅、午、戌宮為陷落，『文昌』在卯、亥、未宮為居平。當這些星在這些宮位為僕役宮時，此人的朋友群中多半是文化水準較低，不學無術、長相粗俗、不知禮儀，不夠精明，智慧較差，沒有才藝、教養、工作環境不佳的下層社會之人士。此人與朋友相處的態度也不夠理智，因此朋友運不佳，不得力。

當『左輔、右弼、天魁、天鉞』入僕役宮時，無論在那個宮位，都是有貴人相助，有得力的朋友運的。**其中以『左輔、右弼』的朋友運助力較強，**『天魁、天鉞』的朋友運助力較弱，似有若無。

而『左輔』代表男性同輩朋友的助力。『右弼』代表女性同輩朋友的助力。有『左輔、右弼』出現在僕役宮時，表示有幫手。朋友會來幫忙，屬下（用的人）也會相助事業。凡是事業好的人，多半有『左輔、右弼』在僕役宮，這樣才具有領導力，所用的部屬才會有向心力。**就像長榮海運的張榮發先生，有『右弼』在僕役宮。郝柏村先生有『左輔』在僕役宮**，都是擁有領導能力、有向心力的朋友運。

交友發財術

16 祿存星在僕役宮的朋友運

『祿存星』

當『祿存星』進入僕役宮時，『祿存』都是到處為福的，會在朋友運中帶來財利。但是也要看與『祿存』同宮的星是什麼而定財利的多寡。與『祿存』同宮的星曜不是『煞星』，而且居旺的話，朋友運是好的，朋友幫你多生財利。**例如蔡萬霖先生的僕役宮在寅宮有『天同、天**

梁、祿存』同宮。『天梁』是居廟的，『天同』雖居平，代表勞碌後有貴人助而多生財。因此做保險業，這些加保人都成了他的貴人，替他增加了財富，也造就了他的財富。

當『祿存』單星坐於僕役宮時，朋友運雖對他有助益，但其人本性較孤單、保守、會與人保持距離，只在有必要的時候才會與朋友來往交流，其他的時間都較孤獨。這時也要看對宮的星曜是什麼？旺弱度為何？而定朋友關係的好壞助益的程度多寡。基本上有祿存在僕役宮，都是趨吉有財利的。

況且『祿存』能制『破軍』、『七殺』之惡。凡是有『祿存』與『破軍』同宮在僕役宮，或是有『祿存』與『七殺』同宮於僕役宮的人，就能減少因『破軍』耗星所產生的破耗及凶惡，而使朋友運雖不盡完美，但也能成為相助的力量。

而『祿存』和『七殺』同宮於僕役宮時，朋友雖凶狠、強硬，也能成為可相助幫忙的力量而對本人有力。因此『祿存』在朋友運中算是能彌補、糾正朋友運的星曜了。

17 化權、化祿、化科、化忌在僕役宮的朋友運

『四化星』都必須跟隨主星才能成立。並且跟隨主星的旺弱而有旺弱不同。因此『化權』、『化祿』、『化科』、『化忌』在僕役宮出現時，變化很多，非常具有戲劇性。

『甲年生的人』

『破軍化權』：

交友發財術

甲年生的人有『破軍化權』入僕役宮時，『破軍星』居旺的，再加『化權』，會擁有行動力強、速度快、性格強勢、喜歡爭戰打拚，侵略性強的朋友，朋友間在交往上，衝突性也大。不過，你也可以利用一些衝突性而發展一些屬於你自己的人際關係。在你本身來說，也未嘗不是好事？你會不計榮辱的去結交你所想要交到的朋友，而且可掌握主控權，無往不利。同時也可交到有地位，有權勢身份的人。不過呢？在交往之中，你的財力可能破耗也多，而且對方也可能並不全是在品德上也同樣具有高標準的人，也可能他們會有背義反叛的心，你是必須小心的。

當『破軍居陷』位又有『化權』時，這種朋友運是非常不佳的。**一種是『武曲、破軍化權』在僕役宮，一種是『廉貞、破軍化權』在僕役宮。『武破化權』在僕役宮時，**朋友是窮凶極惡的人，此人和朋友都

交友發財術

是頑固的人，一個拚命的索取，一個拚命的漏財，卻養就了一批邪惡的壞朋友，任何方法都無法堵住這個大洞。並且此人容易和壞朋友同流合污，一同做壞事找錢。

『廉破化權』在僕役宮時，朋友都是頑固又智慧低的人，只會幫忙破財，譬如說朋友會倒會，倒債而潛逃。你也因為太頑固，以為可以控制別人，而誤信人，使自己產生極大的破耗，因此不吉。

『廉貞化祿』：

甲年生的人，若有『廉貞化祿』在朋友宮時，不論『廉貞星』的旺弱，都會在朋友運中加分，算是較好一點的朋友運了。**『廉貞居廟化祿』在僕役宮時**，朋友都是精於策劃、智慧很高，又精通人際關係的人才。自己在這方面也同樣是個高手。因此朋友很得力，人際關係圓融。

當『廉貞居平化祿』和『天相』同在僕役宮時，朋友的智慧和策劃能力雖不強，但仍有能力使人際關係圓融，並且可獲得正直，有品德的朋友。**『廉貞居平化祿』和『天府』同宮在僕役宮時，**朋友群中的智慧雖平庸，但很有親和力，再加上朋友都是財力好，有一定經濟能力的人，也願意和人結交，發展人際關係。因此此人的朋友眾多，靠朋友幫助的事情也很多，朋友都是得力之人。**『廉貞居平』和『七殺』同宮在僕役宮時，**朋友雖凶悍，智慧不高，彼此仍保留表面上的人緣來往，但朋友仍會剋制侵害你。

『武曲化科』：

甲年生的人，若有『武曲化科』在僕役宮時，『武曲居旺』的人，會擁有經濟能力好、富有，又有文化水準、知書達禮之朋友。而他們性格上雖剛直一點，但全部都是正派、守信諾，願意幫助人，有涵養之人。你也會因為這些朋友，而對自己的事業有所助益。

當『武曲化科』居平陷之位在僕役宮時，你會擁有不富裕、較窮，但儀表堂堂，具有文化素養的朋友。在彼此的關係上，只要不談錢，倒是能稍具助力的。但彼此仍較冷淡、不夠融洽。

『太陽化忌』：

甲年生的人，若有『太陽化忌』在僕役宮時，不論『太陽』的旺弱，都是與男性關係不佳的狀況。有是非、暗害的情況發生。『太陽落陷』時更甚。朋友運都是不好的。『太陽居旺』時，代表朋友的地位較高。『太陽落陷』時，代表朋友的地位較低，彼此關係更沈悶相處惡劣。

『乙年生的人』

『天梁化權』：

乙年生的人有『天梁化權』在僕役宮時，『天梁星』居旺的，貴人運更強。並且能幫助你，成為你的貴人的人。他們會以強勢的、頑固的、具有主控力量的方式幫助你。你也可以得到較多長輩的竭力幫助。同時你也喜歡用這種強勢的、控制性的方式去結交朋友。人際關係算是非常好的，都能達成你所願。

當『天梁居陷化權』在僕役宮時，你的朋友全是些頑固又自私霸道的人，只會一味的要求別人，但自己並不付出。同樣的你也是用這種方式去對待別人，因此朋友中相互交往的關係是老是在算帳，看誰又多付出了，誰又對誰不好了。朋友關係似有若無，都想去主控別人。

『天機化祿』：

乙年生的人，有『天機化祿』在僕役宮時，『天機』若居旺，朋友中都是聰明、智商高、行動力強的人，也喜歡幫助別人，人緣較圓融。『天機居陷化祿』在僕役宮時，朋友們的智商不高，也不夠聰明，能力也較差，他們是有時會助人，但多半的時候，不會出力的人。這些朋友只是在賣弄一些小聰明、嘴上說的好聽，和人打馬虎眼，作事毫不著力，因此你和朋友之間的關係是外表看起來不錯，但是彼此不夠真誠的。

『紫微化科』：

乙年生的人，有『紫微化科』在僕役宮時，朋友群中都是長相、儀表堂堂，氣度高尚、氣派、品德較好，具有高文化水準，知識程度高、地位權勢高的人。而你也會因一種以德服人的態度，很雍榮華貴的方式去對待他們。彼此的關係是非常融洽和諧的方式。

『太陰化忌』：

乙年生的人有『太陰化忌』在僕役宮時，表示在朋友群中總是有金錢糾紛，**『太陰居陷』時**，朋友都是窮朋友，金錢上的是非更多。並且『太陰』代表女性。不論『太陰』居旺、居陷，凡有『太陰化忌』在僕役宮的人，都會與女性不合。**『太陰陷落』時，再加『化忌』**，女性朋友對你有刑剋，問題更嚴重。朋友運都不好。

『丙年生的人』

『天機化權』：

丙年生的人有『天機化權』在僕役宮時，有『天機居旺化權』的人，其人會擁有聰明、智商高、人際關係非常靈活，又能在適當時機把握機會開展人際關係。並且有領導能力，能掌握別人微妙感情變化的朋友。**有『天機居旺化權』在僕役宮的人，**適合做政治人物，掌握群眾的感情導向。同時，具有此等朋友運的人，本身也是極度聰明，具有才智、也懂得掌握人際關係主導權的人。**當『天機居陷化權』時，**朋友群中多半是一些聰明智慧不足，但又喜歡賣弄小聰明，並且具有頑固、支配慾等特質的人。因此朋友運更不佳。而這人同樣也是不懂得圓融，人際關係搞不好，卻又固執，自以為是，並且要求別人很多，自己卻不檢點的人。

『天同化祿』：

丙年生的人，有『天同化祿』在僕役宮時，都有很好的朋友運。

當『天同居旺化祿』時，朋友群中多半是聰明、溫和、寬厚，很懂人情世故，很會做人，親和力又強的朋友，並且相互幫助，會成就很成功的事業。**當『天同居平陷化祿』時，**朋友是溫和、喜歡致力於娛樂事情方面的人，人緣也很好，在相互助益上必須看是什麼事情？若是做事業方面的正經事情，則助力有時有，有時無，並不算得力。但若在共同玩耍方面，則一定會有愉快的經驗，彼此也和諧、融洽的不得了。

『文昌化科』：

丙年生的人有『文昌化科』在僕役宮時，若『文昌居旺化科』的人都會是有精明度高，外表斯文、文化文準高、學歷高、懂禮儀、知進退，做事認真、負責、清白自重的好朋友。可以說是『往來無白丁』了。同樣的你也會以非常文明的態度對他們。朋友運很好。**當『文昌』居於寅、午、戌宮為居陷再加『化科』時，**雖然所擁有的朋友群是中下層階級的人，外表還算斯文，也還能以溫和的方式相對待。

交友發財術

『廉貞化忌』：

丙年生的人，若有『廉貞化忌』在僕役宮時，不論『廉貞』居旺或居陷，都是不好的朋友運。朋友之間關係很差。**當『廉貞居旺』加『化忌』時，**會因暗中的勾心鬥角，相互糾纏是非。也會因朋友關係而被牽連到官非問題。**當『廉貞居陷』再加『化忌』時，**朋友之間相處的狀況惡劣，那些愚笨的、惡毒的朋友死咬著你，會一直讓你破財、招災、官非不斷、甩也甩不掉。**有『羊陀夾忌』的狀況時，**因朋友而起的綁架、殺害更是會發生。而你本身也會因為沒有人緣而處處受制遭難。

『丁年生的人』

『天同化權』：

當『天同化權』入僕役宮時，都是非常好的朋友運。『天同居

旺』時，朋友中都是溫和、寬厚、世故、老練通達之人，並且具有高地位，說話很有份量，對你形成天生自然的照顧，你也很安然的享受這種好的朋友運。同時你在對待朋友時，也會以這種溫和通達的方式來擄獲朋友的心。

當『天同居平化權』在僕役宮時，朋友運依然還不錯，只是朋友群中有溫和、固執的人，你仍然可找到彼此溝通的方法，而達到和諧的朋友關係。

當『天同居陷』加『化權』時，必是與『巨門』同宮，此時朋友群中多半是外表溫和，頭腦不清楚，固執、是非問題很多的人。彼此吵吵鬧鬧，一會兒合、一會兒分，非常熱鬧。但要改變這種關係並不容易，只要習慣了就好了。

交友發財術

『太陰化祿』：

丁年生的人，若有『太陰化祿』在僕役宮時，都會是較佳的朋友運。**當『太陰居旺化祿』在僕役宮時，**朋友群中多半是溫和、柔美，具有斯文俊俏的外表，並且家庭富有之人。他們喜歡以濃郁的感情來攏絡別人，人緣關係非常流暢，情義深厚。你也會用極強烈的情義去對待朋友，彼此如魚得水，融洽之極，朋友間也能互相幫助，多生財利。**當『太陰居陷化祿』在僕役宮時，**朋友多半是經濟狀況小康，財產不多的人，但彼此在冷淡中能產生友誼情緣。只是相助不多罷了。

『天機化科』：

丁年生的人，有『天機化科』入僕役宮時，若『天機居旺化科』在僕役宮，會具有聰明、才智高的朋友，他們的外表斯文、文化涵養高，彼此相處溫和、機智有趣，也能相互幫助。同樣的，你也是以聰明、機智、斯文的方式對待他們。**當『天機居陷化科』入僕役宮時，**朋友群中只是較為斯文的人，私下裡才智不行，又愛搞怪，朋友運較冷淡，甚至不來往。

『巨門化忌』：

丁年生的人，有『巨門化忌』在僕役宮時，不論『巨門旺弱』，朋友群中都是頭腦不清、是非糾纏、口舌便佞之人。**當『巨門居旺化忌』時，**朋友或本人都有計劃的利用口舌是非來製造混亂。**而『巨門居陷化忌』時，**是因口才不佳，頭腦又不清，喜歡結交品行不端的盜賊之輩，同流合污而製造是非混亂，總之，朋友運都不好。彼此相互招災。

交友發財術

『戊年生的人』

『太陰化權』：

戊年生的人，若有『太陰化權』入僕役宮時，若『太陰居旺化權』，朋友中多半是在金融、經濟方面具有地位的人，同時也是極端富有、掌握極大財富的人。並且女性朋友對你有極大的影響力。你和她們相處得不錯。你的朋友雖然在金錢方面固執而保守，但還很講情面，你若真有需要求助於他們，仍可得到幫助。以你自己本身來講，你也是用一種極講究情義、固執的態度來衡量朋友之間的友情，你覺得情感夠深厚的，便以重情義的方式對待朋友，花費再多的錢財也再所不惜。對於情感不夠深厚的朋友，比較冷淡，多花費一毛錢也不捨得。

若『太陰居陷化權』在僕役宮時，你的朋友多半是固執又經濟能

力差的人。他們是既希望別人來幫助他，卻又擺出一付高傲的態度。『有錢有什麼了不起』！這是他們常掛在嘴邊和心理的話。倘若你和他們同樣是經濟狀況不好的人，他們雖對你冷淡卻不排斥。但你若比朋友的經濟能力好，他們就會排斥你，說你的壞話，因此你在結交朋友或用部屬工作時，千萬要明瞭他們的心態，不然你一輩子都不知道為什麼有這麼多的人在破壞你的名譽，阻礙你的工作了。

『貪狼化祿』：

戊年生的人，有『貪狼化祿』在僕役宮的人。若『貪狼居旺化祿』時，你的朋友群中多半是文化界、教育界的人，喜愛風雅、同好多，彼此相處愉快。他們都是聰明、風趣、思想敏捷，才思泉湧之人，你們常聚在一起快樂的唱和玩耍，情感水乳交融，是最好的朋友運了。你的朋友非常多，你的人緣也非常好，但是你和朋友之間的情感只限於歡樂時刻那一剎那的快樂感，你們彼此並不會真心相交，說些心理的祕密，也不會談到各自家中的事情。在遇到事情有衝突時，大家都會躲避起來，而不願意面對。因此這種朋友運只是留在檯面上的情感流動互通的方式，並無深交。倘若有利害衝突時便瓦解了。

當『貪狼居陷化祿』時，必是和『廉貞』同宮，此時『廉貞』也是居陷的。這種朋友運是與小人和色情有關的朋友運。你的朋友群皆是和你一起尋花問柳的朋友，酒色財氣相糾擾。雖然你和朋友們的關係很好，一起玩樂，更可能一起做些非法的事情。但是這些朋友本性邪惡，常反反覆覆的反叛你，陷害你，然後又和你和好。這種朋友運實則不能算是好的朋友運了。

『右弼化科』：

戊年生的人，有『右弼化科』在僕役宮時，無論出現在那一個宮位，都是非常好的朋友運，在你的朋友群中都是具有個性，但外表溫和、很會照顧人、儀表斯文，做事能力很強，對你很忠心的朋友。並且女性朋友更具有這些特質，對你的幫助更大。你在用人用部屬時，女性的部屬對你侍候照顧周全，很會為你著想，幫助你一些事物，使你無後顧之憂。而你也會以溫和、善於照顧人的方式對待他們，彼此在人際關係上相應合，非常圓融而得力。

『天機化忌』：

戊年生的人，有『天機化忌』在僕役宮時，無論『天機』旺度如何，都是具有善變、多是非、易反叛的朋友運。**當『天機居旺化忌』時，**你的朋友們都非常聰明，常利用智謀來陷害你，他們對你忽冷忽熱，讓你摸不清頭腦，其實那正是計謀的開始。而人際關係稍為變好時，你以為事情已經過去了，正慶幸著，接著又發生另一樁是非糾紛，讓你永不得安寧，最好的辦法就是與朋友保持距離，少招惹他們，讓他也弄不清你的底細，無從發揮害人的本領。

當『天機居陷化忌』時，你的朋友是以小聰明來搞怪作亂的人，他們與你根本不來往，彼此冷淡，但仍是會陷害你，造謠生事，讓你很痛苦，唯一的方法，只有自己行得正、坐得正，修養自己的品德，以德服人，久而久之，小人自然會遠離的。

『己年生的人』

『貪狼化權』：

己年生的人，有『貪狼化權』在僕役宮時，當『貪狼居旺化權』時，在你的朋友群中都是人緣好，地位又高的人。他們有強勢的強人風格，做事做人都喜歡獨斷獨行，不太接受別人的意見，他們都是主掌權力，主掌和你有關的升職、加薪等生殺大權的人。你對他們很敬畏害怕，與他們保持距離，不太願意到他們面前去討他們歡欣。縱然這些朋友曾經表示很喜歡你，但你也以冷淡的方式，不敢接近他們。同時你在對待朋友的方式上，也會用這種疏離的，獨斷獨行的方式對待朋友，因此朋友運不太順暢。

當『貪狼居陷化權』時，必是與『廉貞』同宮。此時『廉貞』也是居陷的，『廉貪化權』在僕役宮時，你會有固執、強硬派、人緣關係很差的朋友運。朋友們常以脅迫性的方式讓你為他們做事，你會加以反抗，與朋友常發生爭執，但是沒有辦法，仍是會去做，接踵而來的就是遭受連累及災禍。

會有『廉貪化權』在僕役宮的人，就是己年生『天機坐命』子、

午宮的人，他們在性格上善變，對是非黑白的角度摸糊不清，又愛崇拜強勢的人。因此當朋友脅迫他時，他會不顧正義而倒向強勢的一方。當這個強勢的朋友是非善類的人，**『天機坐命』子、午宮的人，**也會跟著做惡事。因此會一同受累遭受災禍是可以預見的了。

『武曲化祿』：

己年生的人有『武曲化祿』在僕役宮時，當『武曲居旺化祿』時，會擁有財富多，地位高，尤其是在金融、經濟方面具有高地位的朋友。這些朋友是性格剛直、為人正派、守信諾、講正義、又人緣極佳，在政商關係都很圓融之人。對你也份外講情義，你在生意和錢財上可以和朋友互通有無。朋友且會為你帶來財利。你和朋友之間的關係非常密切。

當『武曲居平化科』時，必是和『七殺』或『破軍』同宮。『武曲

化祿』和『七殺』同宮在僕役宮時，你是『太陰坐命』辰、戌宮，又是己年生的人，你本身的財富不多，是中下層社會的人士。你的朋友和你一樣，都是需要打拚、奮鬥才能有舒適的生活。你的朋友們都是性格強硬，有侵略性格的人，你與他們性格不合，你比較內斂溫和。但是你與朋友間仍會時常來往。有時候他們也會給你一點點小的好處，讓你感動不已。也會以小小的善意回報他們。

當『武曲化祿』和『破軍』同宮在僕役宮時，你是己年生『天梁坐命』子、午宮的人，代表你內在感情思想（夫妻宮）的星曜是『巨門陷落』。你很會利用朋友屬下之間的爭鬥，而來達到你的目的，因有『武曲居平化祿』與『破軍』也居平陷之位。你的屬下、朋友全都是品德不佳的人，但是你仍能控制他們，只是破耗多一點，花錢多一點而已。但這仍防止不了朋友、屬下在得到利益後反叛、背叛的結果。

交友發財術

『天梁化科』：

己年生的人，有『天梁化科』在僕役宮時，若『天梁』是居旺的，你會具有身份地位高，學問很好的朋友運、貴人運，他們也會幫助你在人生和事業上大展鴻圖。你也會以溫和、斯文的方式與朋友們來往、相互照顧。

當『天梁居陷』時，你的朋友群中多半是較頑固、自私、外表斯文，但對你毫無助益之人。而你也以冷淡客氣的方式與他們來往，彼此沒有幫助。

『文曲化忌』：

己年生的人有『文曲化忌』在僕役宮的人，若『文曲居旺化忌』時，你的朋友群中多半是喜歡耍嘴皮，愛賣弄口才而生是非的人，你很討厭他們，和他們總是糾纏不清，也說不過他們。因此感情不佳，常受牽連遭災。當文曲居陷入僕役宮時，你的朋友群中多半是不會說話或說話難聽的人。常使你生氣，也常為你帶來難堪和難題。是非口舌、禍亂不斷，你也會以這種難聽的話語，或是沈默的態度來對待你的人際關係。因此人際關係惡劣，朋友都是麻煩生事之人。

『庚年生的人』

『武曲化權』：

庚年生的人有『武曲化權』在僕役宮時，當『武曲居旺』合格時，你的朋友群中都是在政治或經濟方面地位高、掌權力之人。他們也會以強勢的，守信諾的，對你做金錢上的支助。具有這種命格的人，是庚年生『巨門坐命』巳、亥宮的人，或是庚年生、『空宮坐命』有『陽

交友發財術

梁相照』的人。**『巨門坐命』巳、亥宮的人，**多半會做民意代表、高等研究機構的負責人，因此他們很容易得到政治人物或大財主，大企業的金錢支持和信任。

倘若是『文昌、文曲、左輔、右弼』坐命，而有『陽梁相照』的人，又生在庚年，僕役宮是『武曲化權、天相』的人，會形成『陽梁昌祿』格。有好的學歷和學識，會得到中等財富的支助。**而命宮中『空宮』進入『擎羊、火星、鈴星』，又有『陽梁相照』的人，**僕役宮有『武曲化權、天相』的話，其人不走正路的人，會有黑道支助金錢。若能行正路，又可形成『陽梁昌祿』的人，可作外科醫師、法官、軍警人員、股票經紀人，也可得到高層的經濟支助。

當『武曲居平化權』時，必會和『七殺』或『破軍』同宮。當『武曲居平化權』加『七殺』在朋友宮時，朋友會是強勢的，對錢很看重的人，但他們身處中下層社會，賺錢不容易。只是會在一些比較勞苦、粗重的工作上做一個小主管罷了。朋友們對錢很看重、很固執，對你會造成一些心理傷害，你對他們既敬又怕，不敢得罪他們，朋友運不好。

若『武曲化權』加『破軍』在僕役宮時，朋友群中是一些有權勢但沒錢的人，可能是黑道人物或軍警密探。他們常會運作關係，使你破財。你為了息事寧人，也不斷的被他們剝削，因此是不好的朋友運。而你對待朋友也是以這種以暴制暴的方式來強制別人信服於你。

『太陽化祿』：

庚年生的人有『太陽化祿』在僕役宮時，當『太陽居旺』時，你的朋友群中都是地位高、性格開朗、正派、對人寬容，經濟能力又不錯的人。因為有『太陽化祿』，很容易形成『陽梁昌祿』格，因此在你的朋友中也多半是具有學識及文化水準的人。你和朋友的關係和諧，時常會帶給朋友宛如陽光般炙熱的感情，大家都喜歡與你結交，你的朋友和屬下將是你事業上最得力的夥伴。

當『太陽居陷化祿』在僕役宮時，你的朋友群中都是比較內斂害羞的人，他們的地位也不高，是中下層階級的人。雖然你與他們的關係還算不錯，但彼此很難深交，也談不上互相幫助，互有助益了。

『天同化科』：

庚年生的人，有『天同化科』在僕役宮時，無論旺弱，朋友都是溫和、氣質斯文的人。當『天同居旺化科』在僕役宮時，朋友群中都是聰明世故的人，外表斯文、注重穿著、喜愛享受，也會做事，具有能力之人。他們會在做事方法、知識的流通上給你幫助。你也會以一種尊敬的、溫柔的心去對待他們。

當『天同居平化科』在僕役宮時，朋友的地位不高，也會具有溫和、斯文的外表，但他們較注重娛樂享受，對於這一方面的才能具備，在工作上較少有能力應付。

當『天同居陷化科』時，必與『巨門』同宮，當僕役宮中有這兩個星同坐時，你的朋友群中皆是精於玩樂、喜製造是非口舌、謠言、傳說之輩，也喜歡相信邪魔歪道的思想，雖然他們長相依然斯文柔弱，但常常反覆吵吵鬧鬧、分分合合、朋友運算是不佳的了。

『太陰化忌』：

庚年生的人有『太陰化忌』在僕役宮時，不論『太陰』旺弱，皆是有與女人多生是非，以及與人有金錢糾紛的朋友運。當『太陰居旺』在僕役宮時，與女人的糾紛是非稍為輕一點。**如果『太陰化忌』在亥宮，為『變景』，『化忌不忌』，可抵消。**因為與女人和金錢上的糾紛會較感覺不出來。

當『太陰居陷化忌』在僕役宮時，與女人是非糾葛多，金錢問題嚴重。**前美國總統柯林頓就是生在庚年『紫微坐命』子宮的人，**其僕役宮有『太陰化忌』，屬下所造成的誹聞案，以及競選總統時的不當收受競選贈款，喧騰一時，即為此例。

（庚年生的人，很多書寫為天同化忌、太陰化科。天同為福星，不會化忌，故應改為天同化科、太陰化忌。從事實驗證上也且同此理。）

『辛年生的人』

『太陽化權』：

辛年生的人有『太陽化權』在僕役宮時，當『太陽居旺』時，朋友群中都是地位特高的人物，並掌有特別的權勢。他們可能都在部長級、大老闆的職位，他們的性格開朗、寬宏、仁慈、時時想照顧你，你也會因為朋友運而升官，或得到權利、地位。朋友運是特等的好了。

當『太陽居陷化權』時，你的朋友多半是做隱於幕後而具有實權的人。他們具有固執而內斂的性格，對你雖然表面溫和，但比較冷淡，也不會和你多做來往。如果與你有工作上的牽連，他就會展現高高在上，以命令的方式叫你做事。你用盡一切方法，也始終不能和他多熟悉一點，或是關係好一點。這種關係在你的升官運上會有一些阻撓。不過你不要太用心於展現小聰明，只要規規矩矩的做事，以平常溫和真誠的待人接物，就自然會得到這種朋友的好感和推薦而可以升官了。

『巨門化祿』：

辛年生的人，有『巨門化祿』在僕役宮時，『巨門』若居旺時，你的朋友群中多半是口才甚佳，圓滑的人，他們也多以口才為職業，例如做老師，做保險經紀，做仲介業的經紀等類的工作。也會有做民意代表工作的人。朋友間是非口舌很多，但尚不會形成對你的傷害。反而有時他們也會利用好口才幫你說好話而嘉惠於你。同樣的，你也會用圓滑、絕佳風趣的口才來對待你的朋友們。彼此相處只限於口惠之上，若談到肝膽相照，重情重義、兩肋插刀的幫助朋友，你也做不到，你的朋友更做不到，因此就別貪求了。

當『巨門居陷化祿』在僕役宮時，你的朋友中全是陰狠狡詐貪財之族，表面上看起來，好像你與他們還融洽，實則暗濤洶湧，彼此勾心鬥角，暗中陷害。你和你的朋友都是嘴巴甜如蜜，心中有一套的人，彼此也用這種方式相互對待，相互攻防不能平靜過日子。自己本身所受到的傷害也很多。

交友發財術

『文曲化科』：

辛年生的人，有『文曲化科』在僕役宮時，『文曲居旺化科』，代表你的朋友中全都是具有才藝、口才好的朋友。很可能有許多是在演藝圈、藝術圈活動的朋友，他們外表長相俊俏，斯文，做人也圓滑，因此你和他們的關係很好。同時，你本身也是具有才藝、口才的人，常和他們一同唱和、玩樂。

當『文曲居陷化科』時，朋友群中只有斯文長相的人，這些人沒有才藝、口才也差，不會講話，你與朋友的關係普通，不會太熱絡。

『文昌化忌』：

辛年生的人，有『文昌化忌』在僕役宮時，當『文昌居旺』時，你的朋友中多半是非常精明、幹練、斤斤計較的人，常因為如此和你產生糾紛、憎恨。他們做事的方法常不用正規的方法，你若與他有文書性的合約，他有時會喧稱文書上有錯誤，而擅自更改、或取消合約。這些朋友都是冷淡無情的朋友。你也會以相同的方式對待他們。

當『文昌居陷化忌』出現在僕役宮時，在你的朋友群中皆是智慧不高，外表邋遢的人，並且頭腦也不夠清楚明白、智慧水準也不高，是下層社會中的人。他們會常因不守法、或是在文字、知識上出現問題，而危害到你。同時你也必須小心在流年運程運行到僕役宮時，會有上述問題產生，而遭災禍。

『壬年生的人』

『紫微化權』：

壬年生的人，有『紫微化權』在僕役宮時，在你的朋友群中皆是品德高尚，具有高地位、高權力的朋友。就連你手下可用的部屬可能都是來頭不小的人，因此你根本沒辦法小看他們。不過可以高興的是，你既然存在這麼一個高水準、高地位的環境中，是令人豔羨的了，一定要好好把握機會，使自己更上一層樓才是。因此你必須要以高貴的心思、才智來以德服人才行。

『天梁化祿』：

壬年生的人有『天梁化祿』在僕役宮時。當『天梁居旺』時，在你的朋友群中，長輩型的人物和年紀比你較長的朋友與你關係最好。他們可帶給你很多智慧型的建議，讓你學習得到很多人生中的智慧，和事業上最高深的學問，有貴人情深緣重的來幫助你，真是非常好的朋友運了。

當『天梁居陷化祿』在僕役宮時，你的朋友群中全是油滑、奸詐的傢伙。有好處時，他們與你相交熱烈。沒好處時，他們溜得也快。不

交友發財術

過他們在表面上還會應付你，不完全與你斷交的。

『左輔化科』：

壬年生的人，有『左輔化科』在僕役宮時，你的朋友中全是本本份份，會做事，也能任勞任怨幫助你的人。同樣的，你也會用相同重人情、義理的方式去支持或對待他們。

『武曲化忌』：

壬年生的人有『武曲化忌』在僕役宮時。『武曲居旺化忌』時，你的朋友中經濟能力都不錯，但是會因金錢問題鬧得不愉快。這些有錢人，對錢很計較，又很會算帳。因此總有不斷的金錢麻煩產生。同樣地，你也與他們在金錢上糾纏不清。朋友運不算好。但是若與朋友不要有金錢來往也就少是非麻煩了。

『武曲化忌』也代表政治性的是非災禍。從事於政治的人，若生在壬年有『武曲化忌』在僕役宮內，政治性的迫害、災禍、糾纏不清，同樣也有金錢的麻煩。因此都是不好的朋友運。

當『武曲居平』又有『化忌』在僕役宮時，朋友之間的金錢上的破耗、糾紛更多，而且也賺不到錢。朋友都是若哈的勞工族，或是無業遊民，常因朋友間的金錢糾紛起衝突。

如果流年運程又運行到這個『武曲居平化忌』的宮位，因金錢問題持刀殺人，或被殺都是有可能的了。

『癸年生的人』

『巨門化權』：

癸年生的人，有『巨門化權』在僕役宮時，若『巨門居旺』時。

你的朋友中都是口才銳利，說話有份量、地位高的人。他們很可能是民意代表、政府官員、教師輩的人物。他們說話常用權威式、教訓人的口

交友發財術

吻說話，讓你很不以為然，也非常反感。但是要用到他們時，你仍是會卑躬屈膝的去向他們求助。

當『巨門居陷化權』在僕役宮時，你的朋友全是明爭暗鬥，是非混亂不停的人。他們是具頑固、陰險的思想，根本無法勸說和溝通，並常常把你牽連進去，一同受害。因此這是非常差的朋友運。

『破軍化祿』：

癸年生的人有『破軍化祿』在僕役宮時，你所交往的朋友很複雜，各種職業、各種性格、各種社會背景的人都有。

當『破軍居旺化祿』在僕役宮時，你複雜的人際關係，還可以為你帶來財利，但所付出的代價依然很大。並且你也很會利用圓滑的交際手腕去結交各類型的人。

當『破軍居陷化祿』在僕役宮時，是和『廉貞』同宮，『廉貞』也是居陷位的。此時你所交往的朋友是下層社會的人，外表邋遢，智力不高，常會做些偷雞摸狗之事。有時你也會和他們一起做一些違反常理不正常的事情。表面上看來你和朋友之間好像很融洽，但多行不義必自斃，總會有遭災的一天。

『太陰化科』：

癸年生的人，有『太陰化科』在僕役宮時，若『太陰居旺』，你的朋友都是溫和柔美，斯文、有氣質的人。他們本身的經濟能力也不錯，做事待人都循規蹈矩，溫暖有情，並且在才藝方面也具有特殊的才能。對於金錢的計算策劃、儲蓄，也有理財的本領。你和朋友相處非常快樂，彼此都是以重情重義的方式相互對待的。**若『太陰居陷化科』在僕役宮時**，你的朋友雖依然是外表斯文，會做事的人，但是你與他們的感情較冷淡。朋友中多半是經濟環境差，又沒有理財能力的人，他們多半做的是事務性的小職員工作。並且你與女性之間的關係只停留在工作上，若想發展超出工作範圍的友誼，必惹是非。

『貪狼化忌』：

癸年生的人有『貪狼化忌』在僕役宮時，其人在人際交往上常出現問題，有時候是人與人之間速度感不同步的問題。有時候根本就是交不對朋友，所遇非人的問題。當『貪狼居旺化忌』在僕役宮時，你與朋友之間互相嫌棄、挑毛病，誰也看不慣誰的處事方法。彼此也會在工作與人際關係上做較量，結果常反目成仇。

有『貪狼化忌』在僕役宮的人，講話也很刻刻，本身他們就會覺得朋友總是會帶來麻煩，於是和朋友保持距離，冷淡的對待就是他們一貫的作法。

當『貪狼居陷化忌』在僕役宮時，必和『廉貞居陷』同宮，這時候的朋友運更壞。朋友中多半是品德低俗、不講道義之人。有時是因為利益和酒色財氣相糾葛而結交的朋友。彼此相交，多招是非災禍、背叛、陷害、牽連招災，沒完沒了。

18 六煞星在僕役宮的朋友運

『擎羊星』在僕役宮

當『擎羊』在僕役宮出現時，首先要看『擎羊星』的旺弱。其次再看同宮或對宮相照的星是吉星還是凶星？並且也要辨明同宮的其他星曜的旺度或是對宮相照星曜的旺度，朋友運的等級就可分出來了。

一般而論，『擎羊星』入僕役宮，朋友都會具有陰險奸詐，愛用心機的特質。他們比較會具有侵略性，劫人錢財、剋害感情、對人有主動性的攻擊行動。

當然，有些是明裡不會動作，而在暗地裡攻擊。總之，有『擎羊星』在僕役宮的人，一定會有讓你有頭痛煩惱的朋友，並且像針扎在心

交友發財術

窩裡，不得安寧。

當『擎羊』居旺在僕役宮時，在你的朋友中會有操刀職業的朋友，例如做外科醫師、獸醫、法官、開刀鋪、販賣刀械武器的人、監獄執法人員、驗屍官、屠宰業的朋友。你可能也是他們的同行。彼此競爭激烈，毫不留情。不論『擎羊』和任何吉星同宮在僕役宮中，對朋友運都是有傷害，沒好處的。

當『擎羊居陷』在僕役宮時，朋友中會有一些猥瑣宵小之輩，專做偷雞摸狗，喪盡天良之事，因此需小心不要受害。朋友中會有一些個子矮小、瘦弱麻臉、臉型長型瘦削、下巴尖、尖嘴猴思長相的人，並且具有眼光閃爍不停，不敢正視人，獐頭鼠目之相，此人最要注意，不要與他多來往，以免受害。

『陀羅星』在僕役宮

當『陀羅星』出現在僕役宮時，『陀羅』在丑、未、辰、戌宮都是居廟的。在寅、巳、申、亥宮是居陷的。『陀羅星』不會出現在子、午、卯、酉宮。當僕役宮中的『陀羅星居旺』時，朋友間的是非波折很多，所交的朋友多半是頑固、較愚笨、自以為是、思想扭曲、做事做不好卻處處怪別人、記恨心又強的人。他們凡事拖拖拉拉，能力很差。

當『陀羅居陷』在僕役宮時，朋友中盡是愚笨有餘，卻會想出奸滑的技倆來害人或推拖的方法。這些朋友心術不正，都是成事不足，敗事有餘的人，因此朋友運不佳。

當『陀羅』在僕役宮時，朋友中會有下層社會中的粗俗之人。也會有非善類的卑鄙小人，因此要份外小心。他們的身材中等或矮壯，臉寬圓扁，嘴唇厚大。臉上或唇齒有傷。這種人很好認。

『火星』在僕役宮

當『火星』入僕役宮時，朋友中都是個性激烈火爆，性格外向的人。他們做事很果斷、速度很快。但是有頭無尾。不喜愛受束縛，因此也不負責任。平常喜歡和人辯論，凡事要爭強鬥狠。因此有『火星』在僕役宮時，你和朋友之間的衝突不斷。算是不好的朋友運。

當『火星』在寅、午、戌宮為居廟旺之位，若『火星居旺』在僕役宮時，你的朋友中都是愛追求時髦、流行的人，但性格剛直火爆，又不負責任，你與他們衝突不斷，但很快便可事過境遷而忘記了。

當『火星』在申、子、辰宮為居陷，在卯、亥、未宮為居平。當『火星居平陷』之位在僕役宮時，朋友中有剛硬、火爆、外虛內狠、性情狠毒的朋友，你根本無法預知他們會做什麼惡事，也無法安定他們的急躁，只要等問題出現時，你才會頭痛的來做善後之事。因此朋友運不佳。

『鈴星』在僕役宮

當『鈴星』入僕役宮時，朋友中會有長相臉型有點怪，瘦型，臉型有菱有角，非常聰明孤僻，反應快，急躁不安，愛表現，心胸狹窄的朋友。

當『鈴星』入僕役宮時，若居於寅、午、戌宮為入廟，但朋友也會多惹是非災禍，他們心胸狹窄，會常和你算帳，也不許你和別人有較好的人際關係。

當『鈴星』在申、子、辰宮居陷為僕役宮時，朋友中常有長相怪異，行為也怪異的朋友。他們會把聰明、才智用在不正當的地方，為你招災惹禍。你也必須小心一點，以防落入他的圈套，被他的陷害而遭災了。

『地劫』在僕役宮

當『地劫』入僕役宮時，你的朋友少，並且你和你少數的那幾個朋友一樣有心情不穩定、孤僻、不合群的性格。你一和多一點人相處，就立刻有是非。因此你根本無意於開拓人際關係。因為人際關係對你來說是一種負累。

『天空』在僕役宮

當『天空星』入僕役宮時，你的朋友少，而這少數的朋友也多半是性情中人，在性格上有些怪癖。你和你的朋友都是孤僻成性的人，非常不合群，也不喜歡人多的環境，覺得太累。因此你對人際關係中的交往，常常是以躲避的方式在迴避的。

19 『天馬、天刑、天姚、咸池、紅鸞、陰煞、台輔、天喜、沐浴』在僕役宮

天馬：當『天馬』在僕役宮時，朋友之間的交往速度很快，行動迅速，但易善變，朋友之間的感情也容易變化、變淡。很快又去結交新朋友了。

天刑：當『天刑』在僕役宮時，朋友和你都是性格內向、保守的人、性格孤僻、不合群，朋友和你都有自我刑剋、感情不順暢的情形，你們都是無法表達自我心中的熱情，無法接受別人友情的關注。

天姚：當『天姚』入僕役宮時，朋友和你都是人緣好、愛表現、很會察言觀色、處事圓滑的人，你們都是反應很快、機智、愛表現優雅、風騷、早熟氣質的人。並且最大的特點是，你們的口才特別

交友發財術

好，有幽默風趣的話題，一打開話匣子就再也關不住了。朋友都喜歡你，認定你是多才多藝的人。

咸池：當『咸池』入僕役宮時，『咸池』為桃花煞，主淫邪、帶孤剋。有『咸池』在僕役宮的人，朋友中多浮蕩性格的人，待人虛假，好色邪淫，流年運不佳時，會有色情官非。

紅鸞：當『紅鸞』入僕役宮時，『紅鸞』是桃花星，有流動的性質。有『紅鸞』入僕役宮時，你會有性格直爽，愛與人接近的朋友，他們的長相討喜，但行止舉動浮蕩而且愛慕虛榮。朋友和你都會是喜新厭舊之人，因此換朋友的速度很快。

陰煞：當『陰煞』入僕役宮時，你的朋友中有很多疑神疑鬼的人，他們也喜歡搬弄是非，暗中陷害你，『陰煞』為犯小人。因此你的朋友運不佳。常犯小人，為朋友所造成的是非中傷。同時你也是會疑神疑鬼的人。

交友發財術

台輔：當『台輔』入僕役宮時，在你的朋友中多有談吐高雅、穿著高尚、文筆佳的朋友。『台輔』主貴。因此你的朋友會是正派的、有剛強堅決意志，以及注重自我形象的人，他們絕不會越矩，也不會有醜陋的言行舉止出現。他們的自我要求高，因此你也很尊敬他們。

天喜：當『天喜』入僕役宮時，你所結交的朋友或部屬，大多是比你年輕的人。你很喜歡和年輕人交往，或是喜歡比你年紀小很多的人成為好友，或一起工作。因此，你的心態很年輕，像不老的玩童。你也會在外表打扮上追求年輕時髦，永遠不服老。

沐浴：當『沐浴』入僕役宮時，『沐浴』為桃花星，你會交往帶有桃花的朋友或部屬，你們喜歡熱鬧玩耍，相約成群結隊，徹夜玩耍不歸。你們也易發展辦公室戀情，或是朋友間相互愛慕而變成情人關係。但要小心流年不佳時，只是露水鴛鴦而不長久。

第三章 『交友發財術』的流年運程

這一章要談的是『流年運氣』對人所產生的變化。很多人一發現自己的朋友宮（僕役宮）原來是不好的，心裡就很鬱卒。其實，是不必太緊張的。雖然在先天性朋友運上有一點缺點，但你並不是天天在過同一天的日子。每個人會成長，時間會運轉，運氣也像氣流般會轉動。每一個人的命盤中都有好的、吉星的宮位，也有不好的，凶星的宮位。

『運氣』就像日月般，不停的流動運行，從不會停止，因此可利用運氣運行的特性，把握流年朋友宮（僕役宮）、流月朋友宮（僕役宮）在吉星宮位時的運氣，就可以改變朋友運，使朋友運變好了。當運氣運行在弱宮（宮內煞星多）時，便要採取保守行動，交際減少，謹言慎行，注意自己的儀表和態度，『恭、儉、謙、讓』是最好的態度，如此一來因朋友而起的是非就可減少了，生活也可安逸了。

『流年朋友運』、『流月朋友運』也可以幫助你去多認識高貴、有能力、權勢高的朋友。每個人只要在『流年朋友運』或『流月朋友運』，運行到『紫微星』所在的宮位，就可達成願望。同時這種朋友運也可以助你升官，或得到財利，亦或是在讀書考試、學習中得到好朋友的指點而有考運。

『流年朋友運』、『流月朋友運』，甚至是『流日朋友運』，對於防止朋友倒債，因朋友而起的衝突，甚至是防止綁架案都是最具成效的。近來有許多人和朋友到東南亞及大陸去投資或遊玩，遭受到綁架和殺害。前些時候有一位在澳洲留學的女學生，也被同學綁架，這都是『流年朋友運』不吉的結果。防微杜漸，防患未然，實則也是性命攸關的事。

『朋友』在我們每一個人的生活裡都扮演很重要的角色，實在是如同親人般與我們的人生有緊密的結合，如何利用『流年朋友運』，與流月朋友運的運氣，來幫助增長我們人生的和諧幸福？如何借『朋友運』的運氣使我們在職位、財富上增高？如何找到知己的朋友撫慰我們煩亂孤寂的心田？這實在是靠我們自己的智慧來達成的。

首先我們要學的就是如何和朋友融洽的相處。有了融洽的基礎，則人生和諧、幸福、升官、致富都不是難事了。

從流年僕役宮看朋友運的變化

要以『流年僕役宮』來看朋友運，就必須把命盤整個顯示出來。

因此在這個部份，我將用『十二個命盤格式』來顯示分析。讀者可從每一個命盤格式中，所屬的命宮坐星找出屬於自己的命宮主星，這樣就知道自己是屬於那一個命盤格式的人了。

『紫微在子』命盤格式

『紫微在子』命盤格式，包括了：①『紫微坐命』子宮的人、②『空宮坐命』有『同巨相照』的人、③『破軍坐命』寅宮的人、④『空宮坐命』卯宮有『陽梁相照』的人、⑤『廉府坐命』辰宮的人、⑥『太陰坐命』巳宮的人、⑦『貪狼坐命』午宮的人、⑧『同巨坐命』未宮的人、⑨『武相坐命』申宮的人、⑩『陽梁坐命』酉宮的人、⑪『七殺坐命』戌宮的人、⑫『天機坐命』亥宮的人。

1.紫微在子

太陰(陷) 巳	貪狼(旺) 午	天同(陷) 巨門(陷) 未	武曲(得) 天相(廟) 申
廉貞(平) 天府(廟) 辰			太陽(平) 天梁(得) 酉
卯			七殺(廟) 戌
破軍(得) 寅	丑	紫微(平) 子	天機(平) 亥

吉祥有用的『流年朋友運』

在『紫微在子』的命盤格式中，我們可以看到子宮有『紫微星』、辰宮有『廉貞、天府』、午宮有『貪狼』、申宮有『武曲、天相』、酉宮有『太陽、天梁』。因此子、辰、午、申、酉這幾個宮位是好的，吉運的。當流年僕役宮運行到這幾個宮位就會有好的朋友運。

僕役宮是第八宮，逆算回來，我們就可發現：

交友發財術

未年：僕役宮在子宮是『紫微』。未年的朋友運最好，可結交到品德高尚，有權勢，地位高的朋友。並且朋友對你很有助益，不但會讓你在品德方面提升，也會幫助你升官，有財運。

亥年：流年僕役宮在辰宮，有『廉貞、天府』入座。此年你的交際應酬很多，朋友會教你勤勞、本份的做事，並且給你帶來財運。

丑年：流年僕役宮在午宮，有『貪狼居旺』入坐，這是一半好，一半壞的朋友運。這一年你有快速結交朋友的運氣，這些朋友對你有用，也有一些無用。但是他們的態度比較冷淡、閃躲。這些朋友也可能很快的就不見離開了。你若要用他們就要趕快，否則見不到面，就沒有情份可言了。

卯年：流年僕役宮在申宮，有『武曲、天相』入宮。這一年你的朋友都具有小康格局的經濟環境。你若想找人投資，或請人幫忙，這一年是非常不錯的『流年朋友運』了。

辰年：**『流年僕役宮』在酉宮，有『太陽、天梁』入宮。**『太陽、天梁』在酉宮雖然都不旺，而且顯得懶散，但是流年朋友運算是還可以的，倘若你需求不大，只想要找一個人訴訴苦，撫潤一下心情，此年朋友中正有許多人等著和你聊天，高談闊論，相信對於你利用友情來溫暖心情有用的。

不佳的『流年朋友運』

在『紫微在子』命盤格式中，有一些宮位所代表的流年運是屬於不佳的形式，現在我們來看一看。

子年：**『流年僕役宮』在巳宮，有『太陰居陷』入坐。**這一年朋友們都比較窮，而且朋友們在心情上多愁善、起伏很大，你必須小心侍候他們，否則他們容易發脾氣，並且這一年你和女性朋友相處也不順利，小心惹起是非。

寅年：『流年僕役宮』在未宮，有『同巨』入宮，這一年你和朋友們的是非口舌較多，很混亂，不容易相處。這一年你本身走的是『破軍運』（流年命宮是破軍），你正處於喜歡打拚、衝鋒陷陣、開拓事業的時候，而你的朋友們較愛玩，愛享樂，和你格格不入，因此你少和他們聯絡。就算找他們來幫忙，他們也幫不上忙，反而招惹口舌是非。

巳年：『流年僕役宮』在戌宮，有『七殺』入宮，這一年你的朋友都很忙碌，很拚命在工作。而你這一年本身走的是『太陰陷落』的運程（流年命宮在巳是太陰），你此年心思細膩、脆弱、愛多想，在財運，事業上會有一些不順利，你想和朋友來往訴說一下，可是他們都沒空，而且口氣剛直，毫不客氣，讓你脆弱的心受到傷害。因此覺得朋友對你有刑剋。這一年你特別敏感，並且要小心周遭凶悍的朋友，否則會破財、傷感情。

交友發財術

午年：『流年僕役宮』在亥宮，有『天機陷落』入宮，這一年朋友運很不好，會有喜歡賣弄小聰明的朋友搞怪，也容易犯小人。朋友運變化很大，交朋友要小心交到壞朋友。這一年你本身走到『貪狼運』（流年命宮在午是貪狼）。流年本運很強勢，運氣很好，不論事業、錢財都有好運，但是謹防有人嫉妒搗亂，因此要防小人。

申年：『流年僕役宮』在丑宮，是『空宮』，有『同巨相照』，倘若丑宮有『文昌、文曲、左輔、右弼』在宮中，流年朋友運還是不錯的，有一點小是非很快會過去，所結交的朋友仍會是斯文、聰明，有幫助力量的好朋友。**倘若丑宮有『羊、陀、火、鈴』進入，**則此年朋友運不佳。有『羊、陀』會有陰險、狡詐的朋友，小心被他們所害。有『火、鈴』在丑宮，會有粗暴急躁的朋友，以防發生衝突。倘若『空宮』無大星入宮，就只論『同巨相照』的狀況。此年朋友不強，仍是是非口舌頻繁的一年，謹言慎行非常重要，儘量避免捲入是非之中。

交友發財術

酉年：『流年僕役宮』在寅宮，有『破軍』入宮，這一年你所結交的朋友層次很廣，三教九流都有，只注重量，而不重質，因此也會交到一些酒肉朋友，耗費很多錢財。並且也可被倒會、倒債、借錢不還，因此這一年在你的財務上一定要看牢錢財，對朋友不要太大方了，以免惹禍招災。

戌年：『流年僕役宮』在卯宮是『空宮』，有『陽梁相照』。這一年朋友運不強，只要『空宮』中沒有『擎羊、火星、鈴星』進入都會是一個還算平和的朋友運。倘若有『文昌』進入卯宮，四方三合再有『化祿』或『祿存』，就會形成『陽梁昌祿』格，會讓人一生的人生層次增高，學識較好，生活環境也會提高。**有『文昌、文曲、左輔、右弼』進入僕役宮的人，**會有朋友的助力，在該年打拚事業上得到極佳的輔助，支持而成功。**倘若有『擎羊、火、鈴』在卯宮僕役宮時，**就要小心身旁中矮小猥瑣、奸詐的朋友了。少與人發生衝突是最好的自我保護之法。

對『紫微在子』命盤格式者的建議：

在『紫微在子』命盤格式中，我們可以看到只有丑、卯、辰、未、亥這幾年的朋友運較好，其他的幾年不是朋友使你太耗財，否則就是關係不佳。因此你一定要用朋友運好的這幾年，多認識一些朋友，再從這些朋友中細細挑選與你性情相合，價值觀相同，最好是家世背景差不多的人來做知己朋友。而利用未年，流年僕役宮是『紫微』時，結交高地位、具有權勢的朋友。在卯年、亥年結識財運好，可以教導我們生財，幫助我們事業賺錢致富的朋友。並且在朋友運較差的年份，與性格不合，彼此感覺不算好的朋友，保持一點距離，縱然是發生一些風波，也要忍耐，不要衝動。在酉年也要記得和朋友錢財清楚，錢財不外借，自然可保太平祥和。並且在自己運氣好的時候，那些原先認識的高地位、重權勢的朋友，以及財富多的朋友，自然會受到吸引來幫助我們，在有貴人相助之下，事業、財富豈有不發達之理？

『紫微在丑』命盤格式

『紫微在丑』命盤格式中，包括：①『天機坐命』子宮的人、②『紫破坐命』丑宮的人、③『空宮坐命』寅宮有『同梁相照』的人、④『天府坐命』卯宮的人、⑤『太陰坐命』辰宮的人、⑥『廉貪坐命』巳宮的人、⑦『巨門坐命』午宮的人、⑧『天相坐命』未宮的人、⑨『同梁坐命』申宮的人、⑩『武殺坐命』酉宮的人、⑪『太陽坐命』戌宮的人、⑫『空宮坐命』亥宮有『廉貪相照』的人。

在『紫微在丑』命盤格式中，子、丑、卯、未宮是較好宮位，屬於未年、申年、戌年、寅年的流年朋友運。其他像丑年的流年朋友運是『巨門居旺』，卯年的流年朋友運是『同梁』在申，都是一半好，一半壞的朋友運，只要好好利用，也不能算是全壞的朋友運。

2.紫微在丑

廉貞(陷) 貪狼(陷) 巳	巨門(旺) 午	天相(得) 未	天同(旺) 天梁(陷) 申
太陰(陷) 辰			武曲(平) 七殺(旺) 酉
天府(得) 卯			太陽(陷) 戌
寅	紫微(廟) 破軍(旺) 丑	天機(廟) 子	亥

吉祥有用的『流年朋友運』

丑年：『流年僕役宮』在午宮，有『巨門星』居旺入宮。本來『巨門星』在僕役宮是不為吉祥之朋友運的，因為『巨門』主是非、主爭鬥、主暗昧之事。在朋友運中也代表會有心術不正，陰險狡滑之人。但是『巨門』有口才佳的特性。尤其『巨門』居旺，口才佳可以成為好的條件。倘若有『巨門化權』或『巨門化祿』就更好了，有了這樣的朋友運，在某些方面是可轉敗為勝的。譬如說在丑年，你本人的流年運氣是『紫微』、『破軍』，這是一種氣勢大好，想極力開拓事業，向外發展、打拚的一種運氣。此時你具有『巨門』的朋友運，你就可以在朋友中找尋口才好的人向他學習講話、說服人的本領，或是用他當部屬幹部。自然在事業或生活上是有幫助的。

倘若說『流年僕役宮』的『巨門』，會給流年運程帶來一些是非和勾心鬥角。在事業打拚中與別人的競爭裡難免會出現這些現象，只要你目光注意成功的目標，不要太衝動，也不用太搭理那些製造口舌是非的人，久而久之自然會化解。其實只要等到下一個月，運行到『天相』的流月朋友運時，是非紛爭就煙消雲散了。

寅年：寅年的『流年僕役宮』在未宮，有『天相』入宮。『天相』是福星，也是勤勞自重的星。在這個流年朋友運中，朋友的情緒都是溫和自重的，新結交的朋友也是正派、言行舉止有禮貌，沒有是非，個性好，肯幫助人，能體諒人的朋友。你可以利用『天相』這個流年朋友運程來集結朋友共聚，互增友情。相信大家都會來幫助你，支持你共組一個朋友的情感交流會。為你們的友情留下美好的回憶。

卯年：卯年時的『流年僕役宮』在申宮有『天同、天梁』入宮，這一年的朋友運不錯，不過你會交到溫和愛玩，愛享福的朋友。在這一年你本人的流年運氣是『天府』。這一年你身邊有一點積蓄，賺錢較多一點，其實你也很想享享福，玩一玩。因此在這一年中，你會傾向和懂得生活樂趣的人在一起。在工作上你只是規規矩矩的把它做好罷了。

未年：未年時『流年僕役宮』在子宮，有『天機居廟』入宮，這一年你所交的朋友都是聰明的不得了，他們也可能是你工作上的共同夥伴，因此可幫你分憂。這一年你本人的流年運是『天相』，當然福星高照，生活又祥和，周邊的朋友都聰明，都有能力幫助人。再加上你原本就有的親和力和世故圓滑的交際手腕，因此這一年是非常愉快的一年。

申年：**『流年僕役宮』在丑宮，有『紫微、破軍』入宮**。這一年你所結交的朋友上真是高高、低低一應俱全。上至官位大、權勢大的為官之人，下至販夫走卒一應俱全。朋友運無往不利，但花費大，破耗多。這一年你本人走的流年運程是『天同、天梁』在申宮，是『天同居旺、天梁居陷』的流年運。你本身就會心態懶一點，喜歡吃喝玩樂，因此藉此機會多去認識朋友，找關係，這樣也可能可找到改變人生的動力方向。

戌年：**『流年僕役宮』在卯宮，有『天府』入宮**。這一年你所結交的朋友都是規規矩矩、正派、頭腦清楚、精明、做事認真的保守型的朋友。你與他們的關係融洽，他們也會指點你一些財務上的觀念和知識，讓你多增財利。這一年你的流年運程是『太陽陷落』。你會比較害羞內斂，心中有些鬱悶，不過你會對人寬容、大方。因為本身流年運程不太順，你也會對人比較小心一點。多結交正派朋友，他們才是真正對你有利的人。

不佳的『流年朋友運』

在『紫微在丑』命盤格式中，有一些宮位所代表的流年運程是屬於不佳的形式，現在讓我們來看一看。

子年：『流年僕役宮』在巳，有『廉貞、貪狼』俱陷落入宮。這一年你的人緣非常差，幾乎到了人見人厭的程度。朋友運當然也到了谷底。你很想和別人結交成知心的好朋友，可是都遭拒絕。或是根本碰不到你看得上眼的人。周圍儘是一些品德差、沒有能力的庸俗之輩，或是欠錢不還的人，他們常嫉妒你，破壞你，暗自憎恨你，有時也背叛、出賣你。你不得不時時刻刻提防他們。這個情況在『流年、流月』都運行巳、亥宮時比較嚴重。不過呢？小心謹慎、謹言慎行，等到過了這一個月就會好一點了。

辰年：『流年僕役宮』在酉宮，有『武曲、七殺』入宮。『武曲』是居平的，『七殺』居旺。這是一個財星弱、煞星旺的運程，因此不吉。在辰年時，你本身運行的流年運程是『太陰』居陷。這一年，你賺錢好辛苦，破耗多，又賺不到很多的錢。朋友也是窮光蛋，但是他們很凶，還想從你這裡再找一些錢財。既已無錢了，再有劫財，日子當然不好過。並且在這一年，你的心靈很脆弱，希望有知心好朋友給你安慰、安撫。可是這些凶悍剛直的朋友，一點也不溫柔，只是對你一再的要求，而絲毫不體諒，也不同情，因此你實在有一點怕他們。朋友間保持一點距離是好的。朋友間有時太熟悉，看到你處於弱勢，就會爬到你的頭頂上去了。

巳年：『流年僕役宮』在戌宮，有『太陽』陷落入宮，這時候你所交的朋友都有一些問題，這些人大都是上不了檯面的人，也會有一些見不得光的朋友。這一年你本身的流年運程是『廉貪陷落』，人際關係和運氣都很差，思想也常有一些偏差，你可能為了想多賺一點錢而和行為邪佞的朋友做一些不好的事情。在這一年你的朋友群中有坐過牢的人，有心術不正的人，也會有暗昧良心之人，更會有宵小鼠輩。萬一你自己把持不住，就很容易和他們一起走入歧途。『廉貪』同宮時的運氣就是智慧不足、才藝不夠，人際關係惡劣，討人厭，沒有好的機會，其人本身也偏向喜好邪佞的人、事、物，因此財運也會不好。這時，當然也交不到好朋友了。

午年：『流年僕役宮』在亥宮，為『空宮』，有『廉貪相照』。這一年，你所交的朋友多半是不行正道的人。有『文昌、文曲』進入僕役宮時，更是會交到頭腦不清，或是潑辣型、口舌銳利的朋友。如此的朋友當然是多惹是非紛亂的人了。這一年你本身在走『巨門運』，因此有是非口舌之災也是必然的了。

酉年：『流年僕役宮』在寅宮，為『空宮』，有『同梁相照』，因『天同居旺、天梁居陷』。『空宮』又為『弱運』。因此這一年的朋友運不強。你的朋友都是愛玩的朋友，對你沒有助益。這一年你本身走『武殺運，正感覺錢不夠用，必須拚命的賺錢，而朋友都愛玩，沒有正當職業，讓你很頭痛，你只能暫時與他們分開一下，自己努力去賺錢打拚，等有了錢再找他們玩。

亥年：『流年僕役宮』在辰宮，有『太陰陷落』入宮。此年你所交的朋友多半是窮朋友，並且是性格心情陰晴不定的人。這一年你本身走的是『空宮運』，有『廉貪居陷相照』。流年運不好，朋友運也不好，因此真的是沒人可以幫忙了，生活很辛苦。只要熬到下一個月或下一年運氣才會有轉機。

對『紫微在丑』命盤格式者的建議：

在『紫微在丑』的命盤格式中，寅、卯、未、申、戌年是擁有好朋友運的年份。丑年則有一半好的朋友運。其實我們也可以很清楚的發現，在『紫微在丑』的命盤格式中的宮位裡，有一半是積極打拚的星曜，一半是喜歡享樂不積極的星曜。由此可知有一半的流年運氣是屬於打拚的運氣比較勞苦，又有一半的流年運氣安於享樂，比較懶。**在丑年走『紫破運』的時候，**因為膽子比較大，因此可利用口才好的朋友，幫助自己打江山。是非雖然多一點，但流年運程中有『紫微星』，也可逢凶化吉。**寅年朋友宮是『天相』，**朋友部屬都是聽話、乖巧的人，對自己的幫助也很多。**卯年的流年運程是『天府』**。這一年經過奪鬥努力之後，自己比較富足了，雖然朋友中有愛玩的人，你也可以藉此舒散身心。**未年有『天相福星』高照，**可結交一些聰明的知識份子，幫助你對日後工作的開拓，可為日後事業做發展的人力資源。申年時，你可以利用此年做結交高層的朋友，或結交各類型職業的朋友。倘若你是政治、經商職業的人，可用此年結交政商兩界的姣姣者。或是遍佈椿腳，以備後日之需。戌年時你的運氣弱了一點，但是可虛心的結交到可以讓你致富的人。

『紫微在丑』命盤格式的人，特別要小心子年的『廉貪陷落』的朋友運。和午年時為『空宮』有『廉貪相照』的朋友運。這兩個年份讓你每隔七年就遭受一次朋友之害。你若不能認清這個事實，只有每隔七年就痛苦一次。最好的辦法就是在子、午年時，不要太過於自做聰明，平常就要多多觀察朋友，先弄清楚朋友的性格、正邪、謹慎守份，錢財不外借、不擔保、少惹是非、少逞口舌之快，就可平安度過了。

『紫微在寅』命盤格式

3.紫微在寅

巨門(旺) 巳	廉貞(平) 天相(廟) 午	天梁(旺) 未	七殺(廟) 申
貪狼(廟) 辰			天同(平) 酉
太陰(陷) 卯			武曲(廟) 戌
紫微(旺) 天府(廟) 寅	天機(陷) 丑	破軍(廟) 子	太陽(陷) 亥

『紫微在寅』命盤格式，包括：①『破軍坐命』子宮的人、②『天機坐命』丑宮的人、③『紫府坐命』寅宮的人、④『太陰坐命』卯宮的人、⑤『貪狼坐命』辰宮的人、⑥『巨門坐命』巳宮的人、⑦『廉相坐命』午宮的人、⑧『天梁坐命』未宮的人、⑨『七殺坐命』申宮的人、⑩『天同坐命』酉宮的人、⑪『武曲坐命』戌宮的人、⑫『太陽坐命』亥宮的人。

吉祥有用的『流年朋友運』

子年：『流年僕役宮』在巳宮，有『巨門居旺』入宮。這是一半好，一半壞的流年朋友運。因為朋友中多是非口舌、心術不正的人，故是壞的朋友運。但子年你本身走的是『破軍運』，要開拓事業、發展前途，朋友部屬中若有口才好的，也是可以用，因此也有好的因素了。

丑年：『流年僕役宮』在午宮，有『廉相』入宮，朋友、部屬中的人聰明才智雖不及你，但很聽話，肯跟你配合，因此非常好用，同時他們也會忠心替你辦事，朋友運不錯。這一年你本身的流年運是『天機陷落』。運氣不好，因此很慶幸有這樣的朋友運了。

寅年：『流年僕役宮』在未宮，有『天梁居旺』入宮。此年不但本身的流年運程特佳，是『紫府運』。財富、地位都可達到一定的水準，更有貴人運來相助，事業怎會不飛煌騰達呢？在這一年有經驗老到的長輩型的朋友會提供你經驗上的秘密。而你對下級部屬也能提攜、照顧，因此在這個『天梁居旺』的朋友運中，是最能發揮你利用人際關係做資源，來為自己創造財富、發展事業的一級棒朋友運了。

辰年：『流年僕役宮』在酉宮，有『天同居平』入宮。此年中朋友都是溫和乖巧的人，雖然他們的智慧才能並不是很大，但仍能有小小助益。此年因為你的本命流年運程正暴發『武貪格』的暴發運。當然會顯得朋友都不如你。不過他們仍然會是你的好幫手。

巳年：『流年僕役宮』在戌宮，有『武曲居旺』入宮。這一年的朋友運在別人看起來是好的。但是對你個人來講卻會有一些缺點。這一年你的朋友都會有性格剛直、重言諾、厭惡是非口舌之人，但是他們都是有財氣之人，對你來說，財富具有莫大的吸引力，但是你此年的流年運程在走『巨門運』，你會有一些毛病出現，例如是非多，口舌快，說話不實在，也不實際，常常疑惑反悔，因此常遭受朋友或部屬的指責，讓你心裡不爽。因此對你來說，你只喜歡他們帶財來的一面，而不喜歡他們剛直、不講情面的一面。所以說這個朋友運以你的立場，是一半好一半壞的。

酉年：『流年僕役宮』在酉宮，有『紫府』入宮。在這一年你周圍出現的朋友都是地位高，具有權勢，同時也是富有的大財主型的人。這一年你走的流年運程是『天同居平』，此年你喜歡交遊、玩樂，又會忙碌一些不是正經的事，因此剛好有機會結識高官富賈，也趁機巴結他們一下，以為後日的富貴做好墊腳石。

不佳的『流年朋友運』

卯年：『流年僕役宮』在申宮，有『七殺』入宮。此年你的朋友都自己忙碌打拚自己的事業，不太理會你。他們因為忙碌而脾氣暴躁凶悍。而你的流年運程是『太陰陷落』。正是鬧窮的時候，心情不好，又敏感，因此你很受不了他們的無禮，而與朋友們的關係很壞。

午年：『流年僕役宮』在亥宮，有『太陽陷落』入宮。午年時你的運氣很好，而朋友們正走晦暗的運氣，他們對你非常嫉妒，某些人會做一些背叛、反對你的事情，讓你難堪。

未年：『**流年僕役宮**』**在子宮，有**『**破軍**』**入宮**。這一年你一直在搜羅能幫助你打拚江山的朋友。但是用盡心機找來的人卻是已經讓你花費了龐大經費，但卻不一定是得力的人。此年你結交了各階層的朋友，也收買了很多人，但不能收買到真心誠意忠心的人，他們還是時常像牆頭草一樣東倒西歪。因此是不好的朋友運。

申年：『**流年僕役宮**』**在丑宮，有**『**天機陷落**』**入宮**。這一年你周圍出現的朋友都是喜歡表現小聰明而時時給你惹麻煩、搞怪的人。你很忙，此年你的流年運程是『七殺運』。你正忙碌的在事業上打拚衝刺，因此對這些人的小人作風很不諒解。

戌年：『**流年僕役宮**』**在卯宮，有**『**太陰陷落**』**入宮**。這一年你很有錢，運氣又好，又有暴發運（武貪格），讓你的財富更多，而你的朋友都比較窮，此時更有些嫉妒你，並且朋友們也較敏感，以為你既然發了財，成了大富翁，自然地位不同，不能再像以往一樣的交往了，自慚形穢而疏遠你。

亥年：**『流年僕役宮』在辰宮，有『貪狼居旺』入宮**。此年你周圍的朋友都是言不由衷、油滑、溜得很快的人。因為此年你的流年運程正走『太陽陷落』的運程。你在性格上會自覺運氣差而躲避人群，躲在人後面。雖然你仍然希望有朋友來關心你，但是朋友們對於運氣不佳的人都閃躲得很快。因此你更鬱卒心煩了。

對『紫微在寅』命盤格式者的建議：

在『紫微在寅』命盤格式中，子、丑、寅、辰、巳、酉年是擁有良好朋友運的流年。你可以利用寅年的『流年朋友運』結交到顯貴富冑。並得到他們的照顧與提攜。酉年利用子年、辰年來尋找合夥人或部屬來幫你發展事業，管理事業，也可以利用巳年找到幫你管理財富增加財富的朋友。利用這六年好的朋友運已可以把你推向富翁之列了。

在『紫微在寅』的命盤格式中，在卯年、亥年時是你自己運氣不好，因此要多隱忍，既然朋友無法幫助你，只有靠自己了。不過等到下一個月或下一年朋友運就會變好，因此你不必太難過。在午、申、戌年時，又是因為你的運氣太好了，朋友對你嫉妒而產嫌隙，目中無人都不是好事，容易被惡徒盯上招禍，因此最好小心。在申年時，你又是因為急功好利，才會收買人心，結交到不良素行的人，因此做朋友的分類與篩檢就非常必要了。做人保守一點才會減少因朋友而起的災禍。

『紫微在卯』命盤格式

4.紫微在卯

天相(得) 巳	天梁(廟) 午	廉貞(平) 七殺(廟) 未	申
巨門(陷) 辰			酉
紫微(旺) 貪狼(平) 卯			天同(平) 戌
天機(得) 太陰(旺) 寅	天府(廟) 丑	太陽(陷) 子	武曲(平) 破軍(平) 亥

『紫微在卯』命盤格式中，包括：①『太陽坐命』子宮的人、②『天府坐命』丑宮的人、③『機陰坐命』寅宮的人、④『紫貪坐命』卯宮的人、⑤『巨門坐命』辰宮的人、⑥『天相坐命』巳宮的人、⑦『天梁坐命』午宮的人、⑧『廉殺坐命』未宮的人、⑨『空宮坐命』申宮有『機陰相照』的人、⑩『空宮坐命』酉宮有『紫貪相照』的人、⑪『天

同坐命』戌宮的人、⑫『武破坐命』亥宮的人。

吉祥有用的『流年朋友運』

子年：『流年僕役宮』在巳宮，有『天相』入宮。此年你會有聰明、乖巧、很貼心，肯為您努力工作的朋友和部屬，他們對你很忠心，為人正直，知進退。這一年你的流年運程走『太陽陷落』，運氣不算好，但是很慶幸有一幫好朋友來支持你，做你的後盾。

丑年：『流年僕役宮』在午宮，有『天梁居廟』入宮。此年你有貴人運在朋友運中，因此會有知識水準高、年長的朋友帶給你經驗之談，並幫助你事業興盛。此年你走的流年運程是『天府運』。因此財富也因知識、經驗的累積而增進。

巳年：『流年僕役宮』在戌宮，有『天同居平』。這一年你周圍的朋友是外表溫和，但忙碌於玩樂的事務上。此年你走的流年運程是『天相運』。朋友和你都在走福星運，還不一起享福、享樂，根本就玩在一起了嘛！

申年：『流年僕役宮』在丑宮，有『天府』入宮。這一年你周圍的朋友都很富足，只有你運氣不太好。財運多變化。此年你的流年運程走『空宮』有『機陰相照』的運。你的朋友對你很照顧，會以金錢支助你。不過也是要還的，他們會盯著你努力工作來還錢。

酉年：『流年僕役宮』在寅宮，有『天機、太陰』入宮。因為『太陰』居旺，『天機』在得地之位，這個朋友運雖變化多端，陰晴冷暖不定，但女性的朋友運是極佳的，朋友也利於生財。酉年時你本身的流年運程為『空宮』，居於弱運，雖有『紫貪相照』，是虛而不實的。因此酉年時有『機陰』這個朋友運時，就是有一點缺陷的朋友運了，它必須主動『動』起來，才會有比較好、比較有財利、也必須是和女性的朋友較吉。和男性朋友的關係較冷淡，也要主動的動才行。

戊年：『流年僕役宮』在卯宮，有『紫貪』入宮。『紫微』居旺，『貪狼』居平。這個朋友運一般講起來也是有缺陷的，並不能算非常好的朋友運。此年你會交到職位、地位都高，但性格不良，品行不一定端正、很勢利，很驕傲的朋友。他們對你的態度高傲而冷淡。流年朋友運中有紫貪，只代表你能認識權勢大、有地位的人，卻不代表他們會對你好。其實它應該歸納在不好的朋友運裡，因為朋友運中有紫微，你仍是能跟朋友有距離的共存著，而不致招災。

不佳的『流年朋友運』

寅年：『流年僕役宮』在未宮，有『廉殺』入宮。此年中你周圍的朋友和部屬都是不太用腦筋而一味的埋頭苦幹的人。常常因為策劃不足，思慮不周全而壞事，弄得你很火大。這一年你的流年運程是『機陰』，是一個變化快速而多端的運氣，在這個運氣中，一半是好運，一半是壞運。最好多用女性朋友來執行任務。男性朋友會做不好事情，又跟你凶。

卯年：**『流年僕役宮』在申宮，為『空宮』，有『機陰相照』**。這個朋友運和前一年的朋友運類似，但是為『空宮』，朋友運更弱，此運也以女性朋友較會做事圓滿，帶給你財利。男人同樣不吉。

辰年：**『流年僕役宮』在酉宮，為『空宮』，有『紫貪相照』**。這也是較弱的朋友運，朋友全是高傲、冷淡的上層社會人士，彼此沒有交流，來往少。流年運氣是『巨門居陷』，這一年是非爭鬥多，因爭鬥而起的災禍也多，朋友們都做壁上觀，並不參與或制止，來幫助你脫離是非爭鬥，你真算得是流年運不吉，朋友運也不吉了。

午年：**『流年僕役宮』在亥宮，有『武曲、破軍』入宮**。這一年你周圍的朋友、部屬是既窮又心術不正的人。這一年你的流年運在走『天梁運』。足智多謀，你會利用這些窮朋友暗中做一些陰險暗昧之事。要用這些鼠輩做事，當然要用金錢來養他們、控制他們。因此破耗花費很大，他們也時常反叛背離，或又因利誘而回頭，反反覆覆的，你也見怪不怪，朋友運並不好。

未年：『流年僕役宮』在子宮，有『太陽落陷』入宮。這一年你周圍的朋友全部運氣晦暗，有一些可能還有官非在身。而你這一年正在走的流年運程是『廉殺運』，這是一種只顧埋頭蠻幹，而不用大腦的運程，因此你看不見處在你四周的是是非非，也找不到運氣好的人，可以幫助你。反而結交了一批正在走衰運的朋友，把你也牽進是非之中。

亥年：『流年僕役宮』在辰宮，有『巨門陷落』入宮。此年你的朋友中盡是奸險狡詐、是非多、愛爭鬥之人。此年你的流年運程是『武破運』。這是一種大膽的，亡命之徒似的運程。因為此運為窮運，必須靠鬥爭劫奪來取財，因此會交往險詐之徒的朋友也是定數。在亥年，你會窮則變，變則通，根本不想和正派的假道學來往，常混跡在小人之中。

當然小人總是反反覆覆的，也會讓你更破財、耗財，而得不到財。

對『紫微在卯』命盤格式者的建議：

在每一個人的命盤中都會有最吉祥的星和宮位。也會有最差、最耗財的星和宮位。在『本命流年運』和『流年朋友運』走到這些宮位時，一定會有起起伏伏的情形。這是一種常態，因此不用太緊張。

在『紫微在卯』命盤格式中，丑年、申年，會有朋友幫助你解決金錢上的問題。在子年、巳年會有好幫手幫你解決事業、工作、生活上的問題。在戌年可以結交有權勢，有地位的朋友。帶給你好運。

但是在寅、卯年必須多用女性朋友、部屬，男性朋友太火爆，又不用腦筋、不賣力。在午、亥年是最壞的朋友運了。你若不及早明瞭，遠離是非爭鬥及險惡之人，遲早會賠了錢財，得不償失的。

『紫微在辰』命盤格式

5.紫微在辰

天梁(陷) 巳	七殺(旺) 午	未	廉貞(廟) 申
紫微(得) 天相(得) 辰			酉
天機(旺) 巨門(廟) 卯			破軍(旺) 戌
貪狼(平) 寅	太陽(陷) 太陰(廟) 丑	武曲(旺) 天府(廟) 子	天同(廟) 亥

『紫微在辰』命盤格式中，包括：①『武府坐命』子宮的人②『日月坐命』丑宮的人③『貪狼坐命』寅宮的人④『機巨坐命』卯宮的人⑤『紫相坐命』辰宮的人⑥『天梁坐命』巳宮的人⑦『七殺坐命』午宮的人⑧『空宮坐命』未宮有『日月相照』的人⑨『廉貞坐命』申宮的人⑩『空宮坐命』酉宮有『機巨相照』的人⑪『破軍坐命』戌宮的人⑫『天同坐命』亥宮的人。

吉祥有用的『流年朋友運』

卯年：『流年僕役宮』在申宮，有『廉貞居廟』入宮。這個流年朋友運『廉貞』，若用『情份』來評估它，是太做假的朋友運了。在此年中你周圍都是智慧高，精於策劃計謀的人。當然你也可能是他們心底策劃想拉攏的人。這種友情是非常做作的。此年你本身走『機巨運』，事情生活上都會有變化，會因多得到知識學問、學識技術而職位升高，或有名氣。因此你就會成為朋友心目中想拉攏的目標。

午年：『流年僕役宮』在亥宮，有『天同居廟』入宮，這一年你本身很能幹，很有衝勁，想大幹一番事業，很幸運！周圍剛好有福星在，他們很聰明，態度溫和熱誠，自然而然的幫助了你，毫無一點勉強，因此你真是好運。

未年：『流年僕役宮』在子宮，有『武曲、天府』入宮。這一年你周圍的朋友都很富裕，他們也會伸出義氣的手來援助你。此年你的運氣不強，流年運正走『空宮』，有『日月相照』。正是陰晴不定的時候，你的心情也不算好。幸有態度正直、平和的朋友，在各方面幫助你，讓你順利。

申年：『流年僕役宮』在丑宮，有『太陽、太陰』入宮。這是一半好、一半壞的朋友運。男性都與你不合，女性會幫助你。這一年你旁邊出現的朋友常是陰陽怪氣、情緒變化大、陰晴不定的人。你若要找人幫忙，一定要找女性。男性會對你冷淡、願意幫助你做事的人不多。

戌年：『流年僕役宮』在卯宮，有『機巨』入宮。這一年的朋友運有好有壞，不是全美。此年在你周圍的朋友中多半是智慧高，有學識，有專業技術的人。但你們之間的關係常因一些是非而起起伏伏。他們在必要的時候也會伸出援手來幫助你。此年你正走『破軍運』，將軍正出馬要打拚，當然要招攬人才。但是這些有才能的人，性格上都有怪癖，因此不好侍候。不過最後他們還是識大體會幫助你的。

亥年：『流年僕役宮』在辰宮，有『紫微、天相』入宮。這一年真是福星高照，本身流年運程在走『天同運』。而朋友運又是『紫相』。周圍盡是地位高，權勢大的人，溫和有情的幫助你。朋友運真是一級棒了！

不佳的『流年朋友運』

子年：『流年僕役宮』在巳宮，有『天梁陷落』入宮。此年你周圍的朋友都是溫和、乖巧但不得力的人。並且沒有貴人運，也沒有長輩、上司運。此年你所走的流年運程是『武府運』。在錢財上一帆風順，財大氣粗，因此你對周圍沒有你富有的人都有點瞧不起的感覺，周圍的人

交友發財術

既然有此感覺，當然不想礙眼，自然不會死心踏地的來幫助你了。

丑年：『流年僕役宮』在午宮，有『七殺』入宮。此年你周圍的朋友都是忙碌愛打拚的人。而你此年所走的流年運程是『太陽、太陰』。而『太陽』是落陷的，『太陰』居廟。此年你的心情會起伏不定，比較敏感，喜歡賺錢。你和周圍朋友所努力的方向不一樣，沒有交集點。朋友太忙碌也無法來安慰你善變不定的心情。並且朋友、部屬間的競爭力特別強，而你在男性中的競爭力弱，他們的氣勢壓過了你，使你感到被剋害的感覺。

寅年：『流年僕役宮』在未宮，是『日月相照』。這個朋友運非常弱。因為周圍的朋友的運氣不強，情緒上又有變化。此年你正在走『貪狼運』。是一種速度變快，而馬虎的態度，你和朋友間的友情也在這種不經心的方式下，讓朋友覺得冷淡而瓦解了。

辰年：『流年僕役宮』在酉宮，為『空宮』，有『機巨相照』，此年你周圍的朋友又在走弱運。他們之間有激烈的競爭和變化，更有一些是非口舌纏繞，每一個人的心境都不清閒。而你此年正在走紫相運，自己的運氣太好，又只知道享福，絲毫沒有察覺到朋友之間所存在的問題，因此大家對你有一些怨言，而不太幫助你了。

巳年：『流年僕役宮』在戌宮，有『破軍』入宮。此年你周圍的朋友層次很複雜，三教九流都有。此年你的流年運程為『天機陷落』，運氣不好，因此也交不到好的朋友，只是被一些水準不高的朋友纏著拚命耗財罷了。

申年：『流年僕役宮』在丑宮，有『日月』入宮。此年你周圍的朋友以男性較難相處，以女性較溫暖有情，並且會給你帶來財利。此年你的流年運程在走『廉貞運』，喜歡策劃努力一些計劃，但是男性朋友對你不支持，只有女性朋友對你讚同。你在升官上的活動也不順利，因此心中有些鬱悶，只有把心情放在賺錢上面了。

酉年：『流年僕役宮』在寅宮，有『貪狼』入宮。此年你周圍的朋友是速度快而不用心，不專心的人，他們常做事潦草馬虎，對人也不夠真誠，讓你心中不是滋味。此年你所走的流年運程是『空宮運』，有『機巨相照』，因此運勢不強，常有是非變化發生。是故朋友會如此對待你。

戌年：『流年僕役宮』在卯宮，有『機巨』入宮。此年你周圍的朋友都是有才智，在專業知識中頂尖的人，他們聰明、機智、彼此競爭得很厲害，勾心鬥角，是非不斷。你此年的流年運程是『破軍運』，正努力打拚事業，也正需要這些高技能的人。因此這個朋友運對你有好處，也有難度。因為也要夾在是非爭鬥之中，提心吊膽的看著友情天天變化。

對『紫微在辰』命盤格式者的建議：

在『紫微在辰』的命盤格式中，流年朋友運好的只有卯年、午年、未年、申年、亥年。戌年是一半好一半壞的流年朋友運。若想受人賞識，你就用卯年、午年、未年、亥年的朋友運。若要找幫手、找部屬，你就用午年、戌年的朋友運。申年找部屬只能用女性。你若要找合夥人，出資人就用未年的朋友運。你若想升官，就用亥年的朋友運。

在『紫微在辰』的命盤格式中，有一些不好的朋友運，有時候是因你本身情緒變化所致，只要能控制自己的情緒，也能將朋友運扭轉過來趨向平和。而真正最不好的流年朋友運只會出現在巳年和酉年。因為你本身的流年運氣就不好，再遇朋友運不佳，是非常難過的日子了。巳、酉年時，你可以保守一點，做好人際關係的分類整理，對於德行差一點，不太負責任，對人冷淡桀傲不馴的人，保持距離，減少朋友的數量，以質善為重。自然可以減少破耗，或許可以從少數的朋友中找到知心朋友。

『紫微在巳』命盤格式

6.紫微在巳

紫微(旺) 七殺(平) 巳	午	未	申
天機(平) 天梁(廟) 辰			廉貞(平) 破軍(陷) 酉
天相(陷) 卯			戌
太陽(旺) 巨門(廟) 寅	武曲(廟) 貪狼(廟) 丑	天同(旺) 太陰(廟) 子	天府(得) 亥

『紫微在巳』命盤格式中，包括：①『同陰坐命』子宮的人②『武貪坐命』丑宮的人③『陽巨坐命』寅宮的人④『天相坐命』卯宮的

人⑤『機梁坐命』辰宮的人⑥『紫殺坐命』巳宮的人⑦『空宮坐命』午宮有『同陰相照』的人⑧『空宮坐命』未宮有『武貪相照』的人⑨『空宮坐命』申宮有『陽巨相照』的人⑩『廉破坐命』酉宮的人⑪『空宮坐命』戌宮有『機梁相照』的人⑫『天府坐命』亥宮的人。

吉祥有用的『流年朋友運』

子年：『流年僕役宮』在巳宮，『紫殺』入宮。這個朋友運是一半好、一半壞的朋友運。此年在你周圍的朋友都是地位高、比你權勢大，對你要求嚴格的朋友。他們對你的態度是很威嚴、高高在上，不留餘地，不講情面的。雖然這是你可以認識位高權重的人的機會，算是好運。但是他的態度硬，使你受不了。此年你的流年運程是『同陰』，你本人會展現柔弱、敏感的特性，因此你有點怕這些朋友，也不敢太靠近，因此也有一半不吉。

丑年：『流年僕役宮』在午宮是『空宮』，有『同陰相照』。『空宮』中若沒有『煞星』進入，就算是好的朋友運。此年你的朋友運弱一點，周圍朋友都還是溫和、柔弱、敏感、重情義的人。此年你的流年運程在走『武貪運』。運勢、氣勢都很強。因此也很喜歡這些重情義的人。

午年：『流年僕役宮』在亥宮，有『天府』入宮。此年你周圍的朋友是精明能幹，腳踏實地、精於理財的人。此年你的流年運氣是『空宮』弱運，正好有這幫朋友來幫助你重整財務而富裕一點。因此午年有很好的朋友運。

未年：『流年僕役宮』在子宮，有『同陰』入宮。此年你周圍的朋友全是溫和秀麗、清正之士，並且重情義、重感情。未年的流年運程是『空宮』弱運，但是有反照過來的『武貪格』，還是會暴發一點錢財和好運的，再加上擁有重情重義的朋友，此年真算好運了。

酉年：『流年僕役宮』在寅宮，有『陽巨』入宮，這個朋友運只能算一半好、一半壞的朋友運。雖然在你周圍的朋友都是開朗、大嗓門、喜歡高談闊論、愛談笑的人，但是朋友間的是非口舌特別多，常引起爭論，十分麻煩。此年你的流年運程在走『廉破運』，對什麼事都不計較，又喜歡什麼事都管。什麼朋友都交，又帶給自己很多麻煩、破耗。因此這個朋友運，好的是結交很多朋友，朋友都是還算開朗的人。煩的是口舌是非多，麻煩不斷，也使你破財。

戌年：『流年僕役宮』是卯宮，有『天相居平』入宮。此年你周圍都是矮個子，很操勞，也很溫和的朋友。他們很會做事，工作能很好，會是你的好幫手。戌年時，你的流年運正是『空宮』弱運，有『機梁相照』，流年運不強，又是不主財的運程，因此朋友的幫助很需要。

亥年：『流年僕役宮』在辰宮，有『機梁』入宮。此年你周圍的朋友是一些有點小聰明，喜歡幫助人的人。但是他們只會替你出主意，在金錢上較難有力量。此年你的流年運程是『天府運』。你還蠻富裕的，因此有好朋友出主意，提供意見就夠了。

不佳的『流年朋友運』

寅年：『流年僕役宮』在未宮，為『空宮』，有『武貪相照』。此年的朋友運是弱運。你周圍會有性格剛硬、很沖，說話直來直往，毫不留情的朋友。朋友的氣勢較強。**此年你的『流年運氣』是『陽巨運』**。你本身的是非就很多，因此你根本不在意別人的態度問題，但是他們對你會愈來愈惡劣。

卯年：『流年僕役宮』在申宮，是『空宮』有『陽巨相照』。此年的朋友運也是弱運。你周圍的朋友多半是大嗓門、愛搬弄是非，也會有些表面開朗豁達，卻內心險詐之人，朋友之間是非多，運氣不好。

交友發財術

辰年：**『流年僕役宮』在酉宮，有『廉破』入宮**。此年你周圍的朋友水準不高，都是中下等階層的人，並且他們的人格、品行也不高，會使你破財招災。此年你的流年運程是『機梁運』。你總自以為聰明，治得了這幫爛朋友，但結果還是破財跟招災。

巳年：**『流年僕役宮』在戌宮，是『空宮』弱運，有『機梁相照』**。此年你周圍的朋友都是只會賣弄小聰明，而無實際用處的人。他們雖還不害你，但對你也無助益。

申年：**『流年僕役宮』在丑宮，有『武貪』入宮**。此年在你周圍的朋友，都是性格剛直、強悍的人，他們比你有錢，但做人冷淡無情。因此是不好的朋友運。加上你的流年運程走『空宮』弱運，有『陽巨相照』，是非煩擾，因此也不佳。

對『紫微在巳』命盤格式者的建議：

在『紫微在巳』命盤格式中，朋友運較好的年份是丑年、午年、未年、戌年、亥年。而子年和酉年是一半好一半壞的。你可以利用丑、午、未年溫和重情義的朋友運來幫你生財。用子年的『紫殺』朋友運來結交位高權重的朋友。並小心侍候他們，來幫助你升官。要想找到好部屬來幫自己的忙，就要用丑、午、未、戌年的朋友運。想要找人聊天做知己，就要用酉年和亥年的朋友運。

在『紫微在巳』命盤格式中，朋友運最不好的，應該是辰年的朋友運了。這種『廉破』的流年朋友運中，常常也是遭受倒債、勒索、綁架、殺害的『流年朋友運』。因此『紫微在巳』的命格朋友們是不能輕忽這個『流年朋友運』的。

『紫微在午』命盤格式

7.紫微在午

天機(平) 巳	紫微(廟) 午	未	破軍(得) 申
七殺(廟) 辰			酉
太陽(廟) 天梁(廟) 卯			廉貞(平) 天府(廟) 戌
武曲(得) 天相(廟) 寅	天同(陷) 巨門(陷) 丑	貪狼(旺) 子	太陰(廟) 亥

『紫微在午』命盤格式中，包括：①『貪狼坐命』子宮的人②『同巨坐命』丑宮的人③『武相坐命』寅宮的人④『陽梁坐命』卯宮的人⑤『七殺坐命』辰宮的人⑥『天機坐命』巳宮的人⑦『紫微坐命』午宮的人⑧『空宮坐命』未宮，有『同巨相照』的人⑨『破軍坐命』申宮的人⑩『空宮坐命』酉宮，有『陽梁相照』的人⑪『廉府坐命』戌宮的人⑫『太陰坐命』亥宮的人。

吉祥有用的『流年朋友運』

丑年：『流年僕役宮』在午宮，有『紫微』入宮。此年你的朋友運極佳，朋友都是高地位、具有權勢和品德高尚的人。他們態度威嚴而和靄，會給你許多幫助，是最佳的朋友運。此年你的『流年運』是『同巨』，是一種懶散而是非多的運程，很多事情都不順利。因此正須要這種朋友運。

巳年：『流年僕役宮』在戌宮是『廉貞、天府』入宮。此年你的朋友運也非常好，應酬很多，很會交際。此年你的朋友中多半是經濟能力都非常好的有錢人，但是他們常想找人商量一些與他們切身有關的事務。你在巳年流年運程走的是『天機陷落』的運程，運氣正不好，很閒，想要有人提拔幫助。此年你也有些小聰明，剛好可以有機會提供意見和時間來與朋友交流，朋友覺得你很貼心，也會伸出援手在經濟上支助你。因此形成了一個很好的互動關係。

午年：『**流年僕役宮**』在亥宮，有『**太陰居廟**』入宮。此年你的朋友運也特別好。朋友中都是一些溫柔體貼型的人，他們用深厚的情義來與你交往，會做一些貼心的事，讓你如沐春風。並且也在財富上對你支助，幫助你賺錢。此年你的流年運程是『紫微』。正是萬事吉祥、步步高升、穩坐泰山的趨勢。朋友們和部屬是望風披靡，無不爭相來沾你的旺氣與你結交的。因此你本身的流年氣勢旺，朋友運也旺。因為有『人氣』的緣故。

酉年：『**流年僕役宮**』在寅宮，有『**武曲、天相**』入宮。此年你的朋友運是溫和康泰的狀況。朋友中都是小康富裕的人，喜歡享福，不喜歡惹是非，對人熱心，服務至誠。此年你本人流年運程雖是『空宮』弱運，有『陽梁相照』的運程，運氣雖不強，但是有息事寧人，有希望萬事太平的想法。因此這一年是朋友運真正祥和的時候。

戌年：『流年僕役宮』在卯宮，有『太陽、天梁』入宮。此年中所結交的朋友都是性格開朗、豪邁、喜歡幫助別人的人。此年你所走的流年運程是『廉貞、天府』。這是一個生活富裕、應酬多，而又有點小氣、自私的運程，你會很喜歡拉攏人際關係來做一些對自己有利的事情。剛好朋友中又有開朗、豪邁、愛管別人家閒事的人，一拍即合，相互吸引而來。因此此年的朋友很多，並且形成一個小團體，以團體中的人為互利互助的對象，是故這個朋友運也是以利益延伸為號召力量的朋友運。

不佳的『流年朋友運』

子年：『流年僕役宮』在巳宮，有『天機陷落』入宮。此年份所結交的朋友多半是會賣弄小聰明，對人不真誠，又喜歡作怪，找麻煩的朋友，也許他們是無心要害你的，但是在無意間總是傷害了你。使你的事情不順利，或破財、或突然離開，讓你有損失。因此朋友運不佳。此年你所走的流行運程是『貪狼』，正是一個速度快、運氣很好，並蓬勃發展的運程，也許正因為發展太快了，讓朋友嫉妒或跟不上腳步而選則退卻離開。

寅年：『流年僕役宮』在未宮，是『空宮』，有『同巨相照』。朋友運很差。此年在你的朋友中緣份很淡薄，他們都是一些不太愛用思想、懶散、是非又多、閒話、謠言都多的無聊份子。你在此年份的流年運程是『武相』，生活舒適。神清氣爽，但卻討厭這些碎嘴子，找麻煩的人。因此覺得朋友運不佳。

卯年：『流年僕役宮』在申宮。有『破軍』入宮。此年在你的朋友中多半是三教九流的人物，人性複雜而又多樣化，因此會惹很多是非，其中更有心術不正、陰險狡詐的人和社會地位極低的下等人。這些人會讓你破財、勞碌、煩惱。此年你所走的流年運程是『陽梁』。正是一個性情寬宏、氣勢旺，喜歡幫助別人，愛管閒事，愛照顧人的運程。此年你太多的慈悲心反而給自己招惹了很多麻煩，算是不好的朋友運。

辰年：『流年僕役宮』在酉宮，是『空宮』，有『陽梁相照』。其實此年的朋友運雖虛弱，但朋友運並不太壞。因為有『陽梁相照』，因此還有不少的熱心、好管閒事的朋友來給你幫助，相助事業。因此此年應該是在中等以上的朋友運。此年你走的流年運程是『七殺』。正是一個忙碌打拚的運程。根本沒有時間管朋友的閒事。都是朋友來幫助，管你的閒事。因此此年朋友運還不錯。

未年：『流年僕役宮』在子宮，有『貪狼』入宮。此年你的朋友多半是速度快、幫人做事草率不認真的人。他們忙於自己的事物，對人若即若離，表面上人緣很好，但是帶有冷淡的態度，並且很快的離開。

你一看就知道他們是在做表面上的應付工作。此年你所走的流年運程是『空宮』弱運，有『同巨相照』的運程，心情當然不會好，總覺得被人甩了，或是背叛了的感覺。因此覺得朋友運不好。

申年：『流年僕役宮』是『同巨』在丑宮。你此年的朋友運不佳，是非口舌多，朋友全是懶散、不負責任、喜愛扯是非、傳播謠言之人。此年你的流年運程是『破軍運』。正努力打拚、開拓事業、要重新開創一個新企機的時候，此時所遇到的人也很複雜，但此時你是無暇去做人際關係規劃工作的。因此會遇到一些討厭的人，朋友運因此不好。

亥年：『流年僕役宮』在辰宮，有『七殺』入宮。此年你的朋友正是在走剛強、打拚努力的運程，這時候他們的氣勢高昂，深具侵略性，說話做事都很沖。而你的流年運程正走『太陰居廟』的旺運，這是一種柔美、富有、財多的平和運程。在情感上也極為敏感，喜歡以『情』來衡量事務。面對朋友們剛直又有些粗暴的態度，你就會感覺到被剋害的不舒服，因此覺得朋友運不好了。

對『紫微在午』命盤格式者的建議：

在『紫微在午』命盤格式中，較佳朋友運的年份是丑年、巳年、午年、酉年、戌年。辰年其實也可算是稍微不錯的流年朋友運，因流年僕役宮處於『空宮』，運勢有點弱。你可以利用丑年的『流年朋友運』，認識結交身份地位高的朋友。利用巳年、午年結交能幫助你生財、累積財富的朋友，利用酉年，和做事認真、有教養的朋友結成知己。利用戌年、辰年尋找你生命中的貴人。

但是也要在子年、寅年、卯年、未年、申年、亥年，遠離小人，保持冷靜與清晰的頭腦，不要涉入是非混亂之中，以免使自己受苦和自尋煩惱。

『紫微在未』命盤格式

8.紫微在未

巳	天機(廟) 午	紫微(廟) 破軍(旺) 未	申
太陽(旺) 辰			天府(旺) 酉
武曲(平) 七殺(旺) 卯			太陰(旺) 戌
天同(平) 天梁(廟) 寅	天相(廟) 丑	巨門(旺) 子	廉貞(陷) 貪狼(陷) 亥

『紫微在未』的命盤格式中，包括：①『巨門坐命』子宮的人②『天相坐命』丑宮的人③『同梁坐命』寅宮的人④『武殺坐命』卯宮的人⑤『太陽坐命』辰宮的人⑥坐命巳宮為『空宮』，有『廉貪相照』的人⑦『天機坐命』午宮的人⑧『紫破坐命』未宮的人⑨坐命申宮為『空宮』，有『同梁相照』的人⑩『天府坐命』酉宮的人⑪『太陰坐命』戌宮的人⑫『廉貪坐命』亥宮的人。

吉祥有用的『流年朋友運』

丑年：『流年僕役宮』在午宮，有『天機居廟』入宮。此年中你的朋友群中都會出現聰明、靈巧、智商高、辦事能力很強的朋友。他們不但在工作上會幫助你，在生活上、知識和資訊上也會提供你很多的智慧經驗。此年朋友便是你精神生活上的好伴侶。此年你的流年運程在走『天相運』。正是勤奮學習，又能努力表現的時刻，而且『天相』是福星，『天相運』就是福運。你又剛好碰到這些好朋友，真是幸運了！

寅年：『流年僕役宮』在未宮，有『紫微、破軍』入宮。此年是大部份好，小部份壞的朋友運。因為在你的朋友群中會出現地位高、有品行的人，也會出現禮儀較差的另類人。是一個龍蛇雜處局面的朋友運。此年你的流年運程正在走『同梁運』。喜歡結交各類型的朋友。常常會對外表長相還不錯，性格豪邁之人，特別有興趣。結果所結交到破軍長相的人，都使你破財。最後你才會發現，比較保守，有品行，地位高者，反而才是最佳的朋友。此朋友運中因為有破耗，故有一部份為較差之朋友運。

卯年：『流年僕役宮』在申宮，為『空宮』有『同梁相照』。『空宮』為弱運，故朋友運不強。此年在你的朋友群中多半是性格溫和，愛交朋友的人，但是他們會形成一個小圈圈、小團體，你必須進入他們的團體中才能和他們有交情，也才會有互相幫助、照顧的友情。因此這個朋友運是有些劃分、歸類、認同的問題在內的朋友運。此年你本身在走的流年運程是『武殺運』。賺錢又辛苦、又少，你不得不溶入朋友們的小圈圈、小團體之中，否則就賺不到錢。

辰年：『流年僕役宮』在酉宮，有『天府』入宮。此年你周圍的朋友都是保守、誠懇、生活富裕的人。他們可以給你帶來好的財運，是很好的朋友運。此年你在流年上正走『太陽居旺』的運程，運氣大好，會升官、升職，因此朋友們的等級也會是高層次的人。

巳年：『流年僕役宮』在戌宮，有『太陰居旺』入宮。此年在你的朋友群中都是具有家財的人。並且他們很敏感，重情義。你必須很認真的和他們交往，才會得到他們在金錢上的支助，並且也會幫助你生財。此年你的流年運程是『空宮』，有『廉貪拍照』。此年你的流年運氣很差，很多事都不順，因此你須要這樣的朋友運來幫助你。在這些重情義的朋友中，女性朋友更是貴人中的貴人了。

未年：未年的『流年僕役宮』在子宮，有『巨門』入宮。這是一半好、一半壞的朋友運。你得善加利用好的一面就會對你有幫助。此年在朋友中多是非爭鬥，你會覺得很煩。但是你若能利用朋友中口才好的人，來幫你打拚事業，以口才開拓市場。這也可以將之轉變成有部份好的朋友運了。此年你所走的流年運程是『紫破運』。倘若有『紫微化權』或是『破軍化權』、『巨門化權』，肯定你就能掌握住這個『巨門』的朋友運了。轉敗為勝的關鍵就在此了。因此最好的辦法就是『化是非為利器』，而使自己得利的方法。此年你正努力打拚而步步高升，事業興旺，因此很須要會把握此朋友運。

申年：『流年僕役宮』在丑宮，有『天相』入宮。此年你的朋友運非常祥和、順利，是很好的朋友運。此年你的朋友都會認真、乖巧、辦事負責、講信用、保守而謹慎。此年你的流年運程雖是『空宮』弱運。但有好的朋友運相助，一切順利。

酉年：『流年僕役宮』在寅宮，有『天同、天梁』入宮。此年你的朋友群中都是溫和、討喜的人，很喜歡串門子來聊天，也是很願意幫幫小忙、跑跑腿的人。算是還不錯的朋友運。但是這類的人，他一定要先弄清楚你是否會把他當做自己人。是的話，他才會為你服務跑腿。倘若他認為你只是把他當做極普通的朋友，他就不肯幫忙了。

亥年：『流年僕役宮』在辰宮，有『太陽居旺』入宮。此年你的朋友運不錯。朋友中多半是寬宏大量，心胸開闊之人。尤其以男人對你最有利。你與他們相處愉快，也可以藉由他們的力量而增高地位。此年你的流年運程走『廉貪運』，真是極差的流年運了。耗財、沒有機會、又想不出好辦法，幸虧有寬大、不自私、不勢利的人願意幫你，真是不幸中的大幸了。

不佳的『流年朋友運』

子年：『流年僕役宮』在巳宮，為『空宮』，有『廉貪相照』。
『空宮』本為弱運，又有『廉貪相照』，此年朋友中盡是頭腦不清、心術不正、人緣不好、陰險狡詐、不顧道義之人。此年你可能受朋友誘惑去做一些為非作歹的事情，也可能遭朋友之害，而耗財、被劫財、受連累、或遇極惡的朋友殺害等情事。有『化忌』在子宮或亥宮的人，都可能會遇到。

午年：『流年僕役宮』在亥宮，有『廉貪』入宮。此年也是最差的朋友運了。此年所交的朋友中多鼠輩邪佞之人，不顧道義、不講仁信，你會遭災被倒債、破財、劫財，也可能有被殺害或與朋友一起為非做歹而惹官非。

戌年：『流年僕役宮』為卯宮，有『武曲、七殺』入宮。此年你周圍的朋友是貧窮而頑固的強硬之流，做人很有侵略性，和劫奪性，因此會害你耗財和被劫財。此年你的流年運程是走『太陰居旺』的運程，手邊正有幾個閒錢，此年你的性情又溫和重友情，結果容易被騙，因此耗財、被劫財。算是不好的朋友運。

對『紫微在未』命盤格式者的建議：

在『紫微在未』命盤格式中，『紫破』的朋友運是想藉廣交朋友的方法，來達成上交高官貴冑目的的朋友運。所以朋友好多、好多。雖然也真的可以交上一、兩個稍具地位之人士，但耗費的心力與損耗的金錢是與成果不能成正比的。而且有時候反而要為了應付一些剛認識的不良份子、邪道之人而破財、招災。

因此『紫破』朋友運，是一個好大喜功，得不償失的朋友運，反倒不如『天相』、『天府』、『太陽居旺』、『太陰居旺』的朋友運了。並且在你要利用『紫破』朋友運時，也同樣會顯現出你自己在此年中有些無聊，有些貪念妄想，想不勞而獲，想巴結權貴來一步登天。更會顯現出在此年中你的運勢雖平和，但你不知努力，卻很天真的把金錢和時間浪費在虛無飄渺的幻想中，非常的不實際。當然等到你次年運氣更差時，朋友運也差，你就會感覺到先前所花費在為了結交權貴或知名之士的朋友運上，實在是件愚蠢又得不償失的事了。

在『廉貪』的流年朋友運或有『廉貪相照』的流年朋友運是朋友運中最低劣的朋友運。很多人在這個流年、流月的朋友運破產、被人倒債、坐牢。也有人在這種流年、流月的朋友運被殺害、綁架。因此『廉貪』的朋友運全都是顯示出惡毒、愚笨、自己沒主張，受人影響，偏向邪佞、心起歹念、受排斥、不行正道等因素。因為『廉貪運』極壞、極差、沒有錢而想賺錢，正道賺錢又賺得辛苦，錢又少，挺而走險，想大撈一票，這種想法也根本就是本身思想在某些部份即是愚笨而邪惡的想法，往往看不到後果，只想到得利時的快樂，所以想不招災都難了。

我們由前述兩種朋友運中就可得知在『紫微在未』命盤格式中，

每一個命宮坐命者都必須小心自己的言行、思想。朋友運的好壞，其實源自每個人的想法。往正面、善面去想、去做、去結交朋友的人，自然是有好的朋友運。反之的人，自然會招災，這是最簡單的道理了。

『紫微在申』命盤格式

9.紫微在申

太陽(旺) 巳	破軍(廟) 午	天機(陷) 未	紫微(旺) 天府(得) 申
武曲(廟) 辰			太陰(旺) 酉
天同(平) 卯			貪狼(廟) 戌
七殺(廟) 寅	天梁(旺) 丑	廉貞(平) 天相(廟) 子	巨門(旺) 亥

『紫微在申』命盤格式中，包括：①『廉相坐命』子宮的人②

『天梁坐命』丑宮的人③『七殺坐命』寅宮的人④『天同坐命』卯宮的人⑤『武曲坐命』辰宮的人⑥『太陽坐命』巳宮的人⑦『破軍坐命』午宮的人⑧『天機坐命』未宮的人⑨『紫府坐命』申宮的人⑩『太陰坐命』酉宮的人⑪『貪狼坐命』戌宮的人⑫『巨門坐命』亥宮的人。

吉祥有用的『流年朋友運』

子年：『流年僕役宮』在巳宮，有『太陽居旺』入宮。此年的朋友運極佳。你周圍的朋友都是性格開朗、豪邁、心胸寬宏的人，不計是非，不會怨天尤人。朋友間彼此快樂相處，常聚在一起高談闊論，充份享受到朋友運的快樂，並且在朋友間的互相幫助上也很乾脆的合作，不會拖泥帶水。此年是個熱鬧滾滾，喜氣無邊的流年朋友運程。並且你可以和朋友或部屬一同籌劃一些大計劃、大構想，彼此也可在工作或合作上共享成功的喜悅。

卯年：**『流年僕役宮』在申宮，有『紫微、天府』入宮**。此年在你的朋友群中多半是地位高、權利大、財富多的人。他們會給你許多支助，不論在精神上、物質上都非常慷慨，注重體制。但你也必須是個正派、有能力的人才行。此年你本身在走的流年運程是『天同居平運』。是一個小吉的福運。你必須先強化自己的能力，才能結實的承受這麼好的朋友運所帶給你的利益，否則這個極佳的『流年朋友運』會因漏接而溜走了。

辰年：**『流年僕役宮』在酉宮，有『太陰居旺』入宮**。此年在你周圍的朋友都是敏感、柔情的人，他們對『情份』的要求高，希望你也能表達相同的重情重義的態度和思想。此年你的朋友運非常好，這些朋友非常細心，會觀察到你的需要和內心渴望的東西，而儘量幫忙你達成。當然他們也會幫助你生財，增加財富。此年你正走『武貪格』暴發運的旺運，一切的思想，注意力全在事業和生財之上。此年所走的流年運是『武曲財星運』，所以朋友們也會善解人意的助你生財，達成你的願望。這是多麼好的朋友運啊！

未年：『流年僕役宮』在子宮，有『廉貞、天相』入宮。在此年你的朋友中多半是比較安靜，很會做事，態度溫和吉祥、福態的人，雖然他們的聰明才智不算很高，但是會努力把事情辦好。這些朋友和部屬都是非常可靠、可信賴的人。**此年你所走的流年運程是『天機陷落』的運程**。流年運不好，但朋友們都很體諒你，幫助你，讓你平安度過這個低落的時候。這些朋友真是患難與共的朋友了。

申年：『流年僕役宮』在丑宮，有『天梁居旺』入宮。此年的流年朋友運就是貴人運。在你的朋友中多半是年紀較長，具有豐富的知識和老到的經驗的人，他們會教導你、支助你在事業上、讀書上、工作上、生活上一切的事物。讓你的人生一下子豐富起來。學生在此年會得到好老師的教導而有好的考運。工作的人，也會因此年有好朋友而好運大增。**此年你的流年運程是『紫府運』，**是一個正正派派、肯上進、肯努力的年份，又得貴人相助的朋友運，怎能不成功呢？

戊年：『流年僕役宮』在卯宮，有『天同居平』入宮。此年中你周圍的朋友都是溫和、可愛型的人。他們比較懶散、愛玩，對你沒有妨礙。因為此年你正忙著呢！無暇照顧他們。**此年你正走的流年運程是『貪狼運』，**正是暴發運暴發的年份，你忙著迎接好運，心情開朗、興奮，那裡還顧得周圍的朋友，只要他們不要妨礙你發財、升官就好了。因此你的朋友們就像福星一樣把你拱入最佳的旺運裡，並為你高興歡欣。

亥年：『流年僕役宮』在辰宮，有『武曲居廟』入宮。此年中你的朋友群多半是生意人、政治人物、富人。因為前一年所暴發的的暴發運，把你的地位層次提高了，於是擠入更高層的上層社會中，為了發展更多的事業和財富，你必定會和能增值你的財富的人來往。在『武曲運』的流年朋友運中，你周圍的朋友雖然都是中、上等的人，但是他們個性剛直、一板一眼、守信諾，對金錢很計較、小氣、錙銖必較，因此你和朋友的關係，是只限於工作上的關係，私下裡很冷淡，不來往的。**此年你正走的流年運程是『巨門居旺運』**。是非仍是很多，只有利用口才一一化解。你也會利用口才，結識更多財經方面的朋友，作為幫你生財得利之用。

不佳的『流年朋友運』

丑年：『流年僕役宮』在午宮，有『破軍』入宮。『破軍運』的朋友運，就是太不注重朋友的品質了，朋友很多，很複雜、混亂。而且朋友中有很多是大膽的、無拘無束、不懂禮儀、品行不佳的人。在朋友的儀表方面也多半出現邋遢的、服裝不整、言行無忌的下等社會類型的人。**此年你正走『天梁運』的流年運程，**這是一個老謀深算的流年運程。其實你正在籌劃一些事物，正在找尋可用之人。因此你廣交朋友，希望能找到千里馬。但是食客太多，食指耗繁，實在是破耗多到快不能承受了。

寅年：『流年僕役宮』在未宮，是『天機陷落』。此年你周圍的朋友是只會賣弄小聰明、善變、搞怪，沒辦法幫忙正事的人，朋友運不佳。**此年你正走『七殺運』的流年運程。**你忙得一塌糊塗，根本沒辦法管到旁邊的朋友和部屬，你只顧自己打拚、衝刺、顧不了別人。因此旁邊的朋友和部屬太閒，就在作怪搗亂了。反而增加了你的負擔，工作也是事倍工半的狀況，因此朋友運不好。

巳年：『流年僕役宮』在戌宮，有『貪狼居廟』入宮。此年在你周圍的朋友都是速度很快，各自忙碌自己的事情的人，他們對人較冷淡，也沒時間多和人講話聊天，更沒時間和人溝通問題。他們全靠自己的強烈固執心態在處理事情。雖然你想和他們溝通總抓不住時機，因此往往在他們表達出反對意見時，讓你錯愕，如同被背叛了一般。**此年你所走的流年運程是『太陽居旺運』**。你的運氣很旺，心地又寬容，因此事情雖讓你不悅，你還是會原諒他們。

午年：『流年僕役宮』在亥宮，有『巨門居旺』入宮。此年你周圍的朋友群中是非口舌多，喜歡爭鬥。常惹一些麻煩讓你忙不完。**此年你正走『破軍運』的流年運程，**喜歡打拚、開拓事業的新企機。朋友中不乏口才佳者，正可利用他們來幫你打江山。只有這一點是對你有利的，其他的問題，如朋友間的是非爭鬥都會使你破財招災。

酉年：『流年僕役宮』在寅宮，有『七殺』入宮。此年你的朋友群中都是性格剛硬，正努力打拚事業，不喜歡別人去打擾他的時候，而你呢？**正在走『太陰居旺』的流年運程。**是一個本身已有財富，而正致力於精神層面的人，你此年是敏感，重感情的流年運程，此時你的情感脆弱，很厭惡別人剛硬、不通情理的態度，因此覺得朋友運不好。

對『紫微在申』命盤格式者的建議：

在『紫微在申』命盤格式中的流年朋友運裡，**其實只有寅年時所走的『天機落陷』的朋友運最差了。**但這個朋友運也不過是得不到朋友的幫助，或朋友搞怪陷害一下，和朋友關係不和諧而已，實際上比起其他命盤格式的人，在整個的流年朋友運上好得太多，實在是不必氣餒的。尤其當你們自己正忙碌於『暴發運』的旺運時刻，也無暇顧及他人，豈不是別人更該怨，或嫉妒了呢？因此你們該慶幸自己身為『紫微在申』命盤格式的人了吧！

『紫微在酉』命盤格式

10.紫微在酉

武曲(平) 破軍(平) 巳	太陽(旺) 午	天府(廟) 未	天機(得) 太陰(平) 申
天同(平) 辰			紫微(旺) 貪狼(平) 酉
卯			巨門(陷) 戌
寅	廉貞(平) 七殺(廟) 丑	天梁(廟) 子	天相(得) 亥

在『紫微在酉』命盤格式中，包括：①『天梁坐命』子宮的人②『廉殺坐命』丑宮的人③坐命寅宮為『空宮』，有『機陰相照』的人④

坐命卯宮為『空宮』，有『紫貪相照』的人⑤『天同坐命』辰宮的人⑥『武破坐命』巳宮的人⑦『太陽坐命』午宮的人⑧『天府坐命』未宮的人⑨『機陰坐命』申宮的人⑩『紫貪坐命』酉宮的人⑪『巨門坐命』戌宮的人⑫『天相坐命』亥宮的人。

吉祥有用的『流年朋友運』

丑年：『流年僕役宮』在午宮，有『太陽居旺』。此年在你的朋友群中都是性格開朗豪爽，個性大而化之，有領導能力，辦事能力的朋友。他們會提供你很多工作上、生活上的意見和幫助，讓你的努力、勤奮更實際，更能達成效果。此年你正走『廉殺運』的流年運程，正是只知埋頭苦幹，而少用智慧思考的運程，朋友正點醒了你的缺點，讓你即時改進。這個朋友運，正是可找到大公無私的益友的朋友運。

寅年：『流年僕役宮』在未宮，有『天府』入宮。此年你的朋友群中多半是正派的、公務員類型的人，他們有平順富足的生活，溫和、勤奮、上進、守規矩的性格，因此也會把你帶入一個腳踏實地的環境，朋友中都是益友，朋友運很好。**此年你正走『空宮』弱運，有『機陰相照』**。運氣變化很快，不算順利。此時有這些益友從旁協助，你的事業就會如日中天了。（流年事業宮為太陽居旺）

辰年：『流年僕役宮』在酉宮，有『紫貪』入宮。此年在你的朋友群中都是地位高，有權勢，或是相貌美麗的人。但是他們有一些驕傲，有時對人很冷淡。因此這個『流年朋友運』是半吉半凶的形式。你此年的流年運程，正走『天同居平運』。是一個小吉的福運。當然！你可能正很興奮的以認識這些有頭有臉的人為傲時，根本感覺不出他們對你的冷淡。但是這些朋友是絲毫不能為你做什麼，給你幫助的。

午年：『流年僕役宮』在亥宮，有『天相』入宮。此年你的朋友們都是很會做事、待人正派、公正的福星。你有了他們的幫忙，工作和心情都很好。此年你正走太陽居旺的流年運程。運氣大好，對人也寬宏，朋友正是你的最佳助手了。

未年：**『流年僕役宮』在子宮，有『天梁』入宮**。此年你的朋友群中都是年紀較長，具有智謀、經驗豐富之人。他們會傳授很多工作上、生活上的利多知識給你，使你的財富大增。此年你正走『天府』的流年運程。當然很歡喜得到這些朋友之助，因此也會很虛心恭謹的對待朋友。朋友運極佳。

亥年：**『流年僕役宮』在辰宮，有『天同居平』入宮**。此年你的朋友群中多半是溫和可愛的人，他們喜歡玩，不一定是得力的幫手。此年你正走『天相』的流年運程，是福人走福運，凡事都自己操勞搞定，也不會麻煩別人，於是和朋友、部屬相安無事。

不佳的『流年朋友運』

子年：『**流年僕役宮**』在巳宮，有『**武破**』入宮。此年在你的朋友群中都是比較窮困，有侵略企圖的人。此年你正走『天梁運』的流年運程，會策劃一些事情，想要找幫手，但周圍都是心術不正，只想要錢，卻不求長進的人，因此你常被這些爛朋友搞得焦頭爛額，也常破財消災。朋友運真差。

卯年：『**流年僕役宮**』是申宮，有『**機陰**』入宮。此處的『天機』在得此之位、『太陰居平』。此年在你周圍的朋友全是有一點小聰明，卻沒有助力的人。他們的情緒變化迅速，你根本無法掌握他們的情緒，因此常遭白眼相待，朋友運不佳。

巳年：『**流年僕役宮**』在戌宮，有『**巨門居陷**』入宮。此年在你的朋友群中，是非爭鬥很多，謠言、傳聞都是對你不利的形勢。讓你很

交友發財術

煩惱。你常受朋友攻擊、暗害、遭災。朋友運非常不好。此年你的流年運程在走『武破運』。這是一種為錢拚命，卻又賺不到錢的流年運。雖然你很大膽，找到很多機會，結交各種的朋友，但是朋友中多半是心術不正、奸詐、自私之輩，他們的生活領域及知識程度卻不高，是下層社會的人物。因此你本身的運不好，又走入險惡的環境中，當然遇不到好一點的朋友了。

申年：『流年僕役宮』在丑宮，有『廉殺』入宮。此年在你的朋友群中多半是悶聲不吭而凶悍的人。他們頭腦頑固、智商不高，凡事只知蠻幹。完全不管別人的意見和看法。你有點怕他們，也不敢招惹他們，更不敢有反對的意見。

酉年：『流年僕役宮』在寅宮，為『空宮』，有『機陰相照』。此年朋友運很弱，且有愈變愈壞的趨勢。此年你的朋友中都是善變，而又性情古怪之人，他們常反覆背叛，思想反反覆覆，不講情義，讓你很頭痛。此年你正走『紫貪運』的流年運程。此年你有很多好運，更有升官運，地位會提高，但朋友都嫉妒你，冷言冷語，讓你不舒服。更別談給你幫助了。

戌年：『流年僕役宮』在卯宮。為『空宮』，有『紫貪相照』。

此年朋友運雖弱，但朋友有可能會是地位高，有權力，高高在上，很自傲的冷淡之人。因此對你沒有助益。此年你正走『巨門陷落的流年運程，是非爭鬥多，但這些地位高的朋友，根本坐壁上觀虎鬥，根本不會照顧你，幫助你。

對『紫微在酉』命盤格式者的建議：

在『紫微在酉』命盤格式中，『紫貪』的『流年朋友運』，其實並不好，那些地位高，有權勢的朋友，對你很冷淡，沒有助力。**反而是未年、午年有『天梁、天相』的朋友運，**才是真正好的『流年朋友運』。**而『武破』的『流年朋友運』是僅次於『廉貪』朋友運的壞朋友運。**你不但要付出很大的代價來收買朋友，並且收買到的朋友又常是不講道義，常反複反叛的小人。因此最好的方式就是在子年時清靜無為，不要做太多的計畫，只要靜守就可以躲過破耗了。

交友發財術

『紫微在戌』命盤格式

在『紫微在戌』命盤格式中，包括：①『七殺坐命』子宮的人②坐命丑宮為『空宮』，有『日月相照』的人③『廉貞坐命』寅宮的人④坐命卯宮為『空宮』，有『機巨相照』的人⑤『破軍坐命』辰宮的人⑥

『天同坐命』巳宮的人⑦『武府坐命』午宮的人⑧『日月坐命』未宮的人⑨『貪狼坐命』申宮的人⑩『機巨坐命』酉宮的人⑪『紫相坐命』戌宮的人⑫『天梁坐命』亥宮的人。

11.紫微在戌

天同(廟) 巳	武曲(旺) 天府(旺) 午	太陽(得) 太陰(陷) 未	貪狼(平) 申
破軍(旺) 辰			天機(旺) 巨門(廟) 酉
卯			紫微(得) 天相(得) 戌
廉貞(廟) 寅	丑	七殺(旺) 子	天梁(陷) 亥

吉祥有用的『流年朋友運』

子年：『流年僕役宮』在巳宮，有『天同居廟』入宮。此年在你周圍的朋友都是溫和、聰明、懂人情世故，並且是福星福命的人。他們會給你帶來無限好運，並幫助你發展你所努力打拚的事業。朋友運真是太好了。

丑年：『流年僕役宮』在午宮，有『武府』入宮。此年在你周圍的朋友都是財力雄厚，很會理財的財經能手。而你的流年運程正走在『空宮』弱運，有『日月相照』，陰晴不定，變化多端的運程上，因此你很須要這樣的朋友來襄助。剛好這些朋友正補足了你在財運運氣上的弱點，在他們的協助下，你的事業邁向平順的階段。

寅年：『流年僕役宮』在未宮，有『日月』入宮。此時『太陽居旺』，『太陰』是陷落的。因此這個『流年朋友運』是半吉半凶的形式。朋友中男性會幫助你，性情開朗的人會幫助你，官位高的人會幫助你。而女性、性情善變者、做事務性工作的朋友、管理錢財的朋友跟你較不和。因此這個朋友運主升官、考試、旺運，但不主財，此年你正走『廉貞』的流年運程。很會策劃一些檯面下的事務，很有智謀，但這些精明的能力，只能靠男性朋友幫你達成。女性沒有助力，且有破壞力。

你也別想在這個『流年朋友運』中有朋友會幫你生財。朋友幫你升官較有可能。

辰年：『流年僕役宮』在酉宮，有『機巨』入宮。此年在你的朋友群中都是智慧高，有專業能力、學術能力的人，他們恃才傲物、性情善變。他們只能運用專業的智慧在工作上來幫助你，而不會用很真誠的感情來對待你，他們對人有極大的懷疑感，你若是不能用很尊敬、謹慎的態度對待他們，他們就會倒向別的一方去了。朋友運是半吉半凶的形式。此年你正走『破軍運』的流年運程，正在開創新企機，於是要廣羅人才，因此這種朋友也正是你所需求的人。

巳年：『流年僕役宮』在戌宮，有『紫微、天相』入宮。此年你的朋友群中皆是地位高、權力大、能力高強之人。他們對人也份外和靄仁厚，喜歡幫助人。因此是最好的『流年朋友運』了。此年你的流年運程正走『天同運』，正是福星高照的時候，因此有了這種極佳的朋友運之助，更是如虎添翼，份外的得天獨厚了。

酉年：『流年僕役宮』在寅宮，有『廉貞』入宮。此年在你的朋友群中多半是智慧高，具有謀略，精於策劃，也很會運用交際手腕來助運成功的朋友。此年你正走『機巨』的流年運程，本身的知識水準就高，又喜歡變化和鬥智的工作。當然要找一些旗鼓相當的人來做朋友。朋友很多，都是有智之士。在相同的利益需求下，也能相互有助益。

不佳的『流年朋友運』

卯年：『流年僕役宮』在申宮，有『貪狼』入宮。此年你的朋友群中都是表面看起來人緣還不錯，但是他們的速度很快，做事很馬虎、草率或半途而廢，做事沒法子負責任的人。他們野心很大，但無法達成。對人也沒有信心，盡疑神疑鬼，做事應付了事，不夠真誠，也常會善變，東倒西歪，有些自私自利，常背叛或發生事情後溜走，留下一堆爛攤子。如此的朋友運當然不好了。

午年：『流年僕役宮』為亥宮，有『天梁陷落』入宮。此年你的朋友群中皆是表面溫和，但私下有私心、固執、只關心自己，對別人冷淡，無法也不想幫助別人的人。他們有時候是因能力不強的關係，有時則是因沒有被他認同你是他的自己人的關係。還好你此年所走的流年運程是『武府運』。自己的財富就很多了，地位也很高，朋友們都是比你層次低的人，當然對你是幫不上忙的了。

未年：『流年僕役宮』在子宮，有『七殺』入宮。此年你的朋友群都很忙碌自己的問題，他們已經很煩了，性情粗暴，凶悍。而此年你的流年運程正走『太陽、太陰』。這是一種變化多端的運程，你心中的起伏也很大、很敏感。希望有人能安慰你、做你的精神支助。但是朋友們都忙，沒有人肯幫你。他們嫌你煩，你又覺得他們太凶悍，對你有剋害。因此彼此相互挑毛病，而朋友運不佳。

申年：『流年僕役宮』在丑宮，為『空宮』。有『太陽、太陰』相照。此年你的朋友運不強，且朋友關係陰晴不定，變化多端。和男性朋友稍好一點，和女性朋友無緣，相處較差。這個朋友運適合助你升官，但不利於求財。因此這個流年朋友運有一半是不吉的。再加上此年你正走貪狼運的流年運程。你本身就對人若即若離，不喜歡別人太靠近，太深入你的內心世界，否則你就會沒有安全感。因此你也不會太用心去培養與朋友的情感，朋友運當然不好了。

戌年：『流年僕役宮』在卯宮，為『空宮』，有『機巨相照』。此年的朋友運是弱運，朋友群中有一些是具有高智慧、高能力的人，但善變、是非又多。你此年正走『紫相運』的流年運程，本身是地位高、能力又強之人，總覺得朋友們的知性雖高，但使不上力。他們在工作、生活中的是非又太多，你又不想涉入他們的問題中，因此會保持一點距離感，不會與他們太接近。

亥年：『流年僕役宮』在辰宮，有『破軍』入宮。在此年中你周圍的朋友都是性格各異，奇形怪狀的朋友，各自有各自的怪脾氣，彼此不和，相互爭鬥。除了玩耍、耗財，他們也不會來找你。此年你正走『天梁陷落』的流年運。對於朋友的選擇很疏忽。幾乎是毫無戒備的任朋友為所欲為，自然破耗很多。

對『紫微在戌』命盤格式者的建議：

在『**紫微在戌』命盤格式中，在巳、酉、丑年你都可以結識交往到高地位、高層次的朋友，**在工作與生活上都會對自己有幫助。**而卯、亥、未年是不好的朋友運之年。子、辰年也有不錯的流年朋友運，申年的朋友運差一點。**

我們可由『紫微在戌』的命盤格式中發現，事實上，在這個命盤格式中坐命的人，流年朋友運的好與壞，只在於冷淡與熱絡之間，也在於智慧和智謀的應用肯不肯出力而已，並不會像『紫微在丑』、『紫微在未』命盤格式，發生傷害身體，殺害性命的大災害。因此這個『紫微在戌』命盤格式中所屬每一個人的命格，在朋友運方面，是命格較高的了。

『紫微在亥』命盤格式

12.紫微在亥

天府(得) 巳	天同(陷) 太陰(平) 午	武曲(廟) 貪狼(廟) 未	太陽(得) 巨門(廟) 申
辰			天相(陷) 酉
廉貞(平) 破軍(陷) 卯			天機(平) 天梁(廟) 戌
寅	丑	子	紫微(旺) 七殺(平) 亥

『紫微在亥』命盤格式中，包括：①坐命子宮為『空宮』，有『同陰相照』的人②坐命丑宮為『空宮』，有『武貪相照』的人③坐命寅宮為『空宮』，有『陽巨相照』的人④『廉破坐命』卯宮的人⑤坐命辰宮為『空宮』，有『機梁相照』的人⑥『天府坐命』巳宮的人⑦『同陰坐命』午宮的人⑧『武貪坐命』未宮的人⑨『陽巨坐命』申宮的人⑩『天相坐命』酉宮的人⑪『機梁坐命』戌宮的人⑫『紫殺坐命』亥宮的人。

吉祥有用的『流年朋友運』

子年：『流年僕役宮』在巳宮，有『天府』入宮。此年你周圍都是勤奮、坦白、誠懇、做人做事很講究規矩，財富小康的朋友。你本身也會兢兢業業的努力。這一年你正走『空宮弱運』的流年運，相照的『同陰』也在平陷之位。比較窮困守份，一心只要努力做事賺錢。幸虧周圍的朋友還對你不錯，會有限度的支助你。成為你不錯的朋友運。

辰年：『流年僕役宮』在酉宮，有『天相居陷』入宮。此年你周圍的朋友群都是外表溫和的朋友，他們在做事的能力方面差一點，能幫助你的力量也差。『天相』是福星、福星居陷時、很勞碌，但不會害人。因此這是一個很平和，沒有衝突的朋友運罷了。

巳年：『流年僕役宮』在戌宮，有『天機、天梁』入宮。『天機』是居平位、『天梁』居廟位。此年在你的朋友群中多半是智慧並不高，有一點小聰明，喜歡管閒事，但最多只能在精神方面提供安慰給你的朋友。他們並無法直接供給你幫忙和支持的助力。因為『機梁』不帶財，代表智慧的『天機』又居平位之故。朋友中全是只會講、不會做之人。多說無益，一定要有真實的出手幫助才算有益的朋友運。因此巳年時的朋友運是表面好看，實際上沒有真幫助的朋友運。

午年：『流年僕役宮』在亥宮，有『紫微、七殺』入宮。此年在你周圍的朋友是地位較高、權力較大，在工作和生活上都對你很剋刻的朋友。這一年的流年朋友運其實除了他們的權力、地位較高（比你高）之外，根本算不上好的朋友運。只是你可以用此年結交到層次較高的朋友罷了。這些朋友對你並不好，很強硬、很冷淡、高高在上，也固執，不通情理。老實說，他們根本沒把你當做朋友，只當你是他的屬下而已，因此要求剋刻，毫不留情。此年你正走『同陰』俱陷的弱運，金錢運不順，外界的關係又差。朋友這麼對待你，你只好也認了。

不佳的『流年朋友運』

丑年：『流年僕役宮』在午宮，有『同陰』入宮。此年你周圍的朋友群中都是敏感、脆弱，自尊心又強，又沒有財運的窮朋友，大家彼此嫌來嫌去，相互也沒有助益幫忙。大家都很煩，也沒有好方法來溝通。因此只會玩的時候在一起，無財又耗財，平常來往少的方式交往。這種『流年朋友運』很差。

寅年：『流年僕役宮』在未宮，有『武貪』入宮。此年在你的朋友群中都是勇猛好戰的人，他們本身有錢，性格剛直粗暴，也常瞧不起人。此年你正走『空宮』弱運，有『陽巨相照』。是非多，在言語上常與人發生爭執。本身運氣就不好。再加上朋友都是蠻橫不講理的人，如何能成為好的流年朋友運呢？

卯年：『流年僕役宮』在申宮，有『陽巨』入宮。此年你的朋友中大多是愛隨便講話，不太用大腦之人，因此常引起口舌是非和混亂，他們從不會因受到教訓而改進，只是繼續製造是非、混亂。此年你正走『廉破運』的流年運程，對朋友的素質毫不挑剔，因此會結交到一些說話全不負責任的朋友，自己也摻和在其中，只好破財、遭災了。

未年：『流年僕役宮』在子宮，為『空宮』，有『同陰相照』。

此年的朋友運很差。在你的朋友群中都是窮人和嫉妒你的人。因為此年你正走『武貪格』暴發運，事業和財富突然變好。運勢使你和朋友之間的距離拉得很遠，根本已無法溝通了。

申年：『流年僕役宮』在丑宮，為『空宮』，有『武貪相照』。

此年在你的朋友群中都是性格剛直、粗暴的人。此時的朋友是有一點財富，但對人吝嗇、冷淡、瞧不起人的朋友。而你正在走傻呼呼、是非多、口舌多的『陽巨流年運』。別人這樣的白眼對待，你還看不懂嗎？

酉年：『流年僕役宮』是寅宮，為『空宮』，有『陽巨相照』。

此年在你的朋友群中多半是少根筋，沒有腦子，愛亂講話，常惹起口舌之爭和是非混亂，讓你很忙碌。朋友運不算好。

戌年：『流年僕役宮』在卯宮，有『廉破』入宮。此年在你的朋友群中多半是些下層社會的人。智慧不開、邋遢、文化程度不高，做人不講道義，劫財、耗財的事情時常發生。此年你對朋友的素質毫不在乎，朋友中最多的就是爛朋友，時常惹禍遭災。此年也最容易遭朋友綁架、撕票、殺害、勒贖金錢、倒債，是不可不防的朋友運。此年你正走『機梁運』的流年運程，自以為聰明，又會交朋友，但所交的朋友全不是益友，而是損友。再不加醒悟，遭災害是再所難免的了。

亥年：『流年僕役宮』在辰宮。為『空宮』，有『機梁相照』。此年在你的朋友群中全是喜歡賣弄小聰明，多說少做之人，他們對你一點幫助都沒有，反而會說風涼話，搧風點火，引爆是非。此年你正走『紫殺運』的流年運程，正努力打拚事業，情勢大好之際，千萬別因周圍的小人，壞了大事。只要少與朋友打交道，自然可保平安。

對『紫微在亥』命盤格式者的建議：

對『紫微在亥』命盤格式中，其實真正屬於好的『流年朋友運』真不多。而壞的『流年朋友運』還真夠壞了。所謂好的『流年朋友運』其實只是沒有受到朋友的陷害，還算平和罷了。並沒有太多的助益在幫助你的工作和人生上。這主要是『紫微在亥』命盤格式的結構中『空宮』太多，弱運也太多的緣故。而『廉破運』和『廉貪運』一樣，是自己去傾向邪佞，找到壞朋友，而產生的危機，因此這種壞運也多半是自找的。

我常看到一些人在『廉破運』的流年朋友運和壞朋友廝混在一起，沒多久便反目成仇，接著就惹禍上身，輕者被朋友倒債。重者惹殺身之禍，這原本都是可以躲避的災禍，但仍必須靠每一個人自己運用智慧來解套了。

第四章　『交友發財術』的本質條件

對於一般平常人來說，交朋友的功夫說大不大，說小不小。很多人常自詡的說：『交朋友！我最在行，只要出門，馬上就可交到一大庫拉的好朋友！』又常聽人自詡：『自己最有人緣了，朋友多不勝不數！』

這些人往往並不瞭解『朋友』這兩個字的真正意義，也從沒有認真思考過這兩個字在自己一生中所佔的份量問題。等到有一天頭腦清醒過來才恍然大悟『相交滿天下，知心有幾人』？而不勝唏噓。此類的人倘若真能沈醉於自詡的世界裡，可能也算是件好事。只怕有朝一日遇到了挫折，再從夢中驚醒，怨嘆哀淒之心，難以自絕，這又是說不完的淒愴之感了。

人緣桃花的份量

通常人緣和朋友是有不一樣的定義的，雖然人緣需要桃花，交朋友也需要桃花，但桃花成份只是一種催化劑，在人與人初次接觸時會發生作用，讓雙方彼此之間會產生好感。第二次再見時，桃花催化的能力已減少了大半了，接下來要成為朋友階段時，桃花的成分已極為稀薄，而需要後續的努力了。

人緣的問題和桃花成份是形態相同的，故而人們常連起來稱其為『人緣桃花』。『人緣桃花』是人與人之間極為淺薄的一種關係，也可以說是一種『印象』。這種印象是人從其外觀以及心情上的感應能力所產生的一種直覺現象。其時效性較短，也可能會被某些外在力量給打破，而無法進入真正的朋友階段。因此，常自認自己人緣好的人，並不一定真正具有交到好朋友的能耐。並且，常自詡自己人緣好的人，可能也只是粉飾太平，而把『人緣桃花』這種天生異稟的能耐看得太輕了。

說『人緣桃花』是天生異稟是一點也不假的事情。『人緣桃花』並不一定要外表長得美麗俊俏。也無需考正其知識程度，脾氣好壞、心性正邪。『人緣桃花』可以說是一種與生俱來的能力，是無法用人為做作可以模擬得了的。有關這一點在命理學中是可以得到證實的。**另外在我的另一本書《如何掌握你的桃花運》中也有詳實的分析。**

至於交朋友的能耐，更是『天生異稟』中的異稟了。交朋友要有許多條件。其中包括先天性的條件，如『人緣桃花』、本身性格等等，還要包括後天的條件，如行為的養成、品行及待人處世的圓融等等。當然，更脫離不了知識文化的水平問題了。試想想，倘若你是個美國哈佛大學、史丹福大學畢業的學生，同學中都是未來國際上政壇的姣姣者，或是西方及阿拉伯等國的王儲、親王等達官顯貴，試問在你可以接近的朋友層次中是否會比一般人為高呢？這也就是世界及台灣各知名企業家紛紛將子弟送入上等名校的原因。

在現今世界各國政壇、商界、學界、各種行業中也相同的具有這個現象，棋逢對手的、惺惺相惜的、彼此哄抬拉拔的，既是朋友又是對手的，不是同學關係，就是朋友關係。

層次與格調的條件

交朋友也必需講究層次與格調。例如億萬富翁就不會和百萬富翁有深交，因為彼此的生活形態不一樣，支配的慾望和權力感不盡相同。做官的人，雖常顯示出親民的作風，有許多平民老百姓朋友。但這些都是做作，並不真實的朋友關係。有相同層次與相同格調的人，比較有機會發展到親近朋友的階段。主要是因為有生活形態相似，思想模式相近，知識與智慧相近、彼此利益、格調也靠近的緣故。

領導力與向心力的條件

另外要談的是交朋友的條件中，還有領導力與向心力的問題，沒有良好的領導力與向心力，朋友多為吃喝玩樂的酒肉朋友、重利輕義，縱然有再好的交際手腕，朋友以數量見稱，質量卻是極差的。所以古語有云：『人生貴一知己』。即在提醒交朋友要以質重於量。

領導能力與向心力，既是可以是先天擁有的條件，也可以由後天來學習增進。宋代趙匡胤的『黃袍加身』，明代朱元璋的滅元稱帝，能成為開國君王者，都具有先天性的領導能力與向心力。而後天學習增強領導力與向心力的例子，則在現代搞民運活動人士的身上，比比皆是。一次次的民眾集結、言語煽動，製造主題、混亂意識，就是一次次的學習與經驗的累積。

一般人要學習領導能力與向心力，倒不必從這些大處著眼，只需從小處著手即可，例如多服務朋友、用心聆聽朋友的心聲、適時的伸出援手、給予朋友合適的建議，做朋友的左右手，經過一段時日，由於你對於朋友關心的事多了以後，自然會產生向心力了。你出的主意有利於朋友的多了之後，自然便形成領導能力了。

另外，投其所好、逢迎拍馬等功夫在交朋友的條件中，也是重要的一環，不但有利於從官職、公務員的人，也利於做服務業、商業、各類型行業的人員。在人生中也是對旺運運程極具的附加價值的頭等功夫。

第五章 『交友發財術』的步步為營

談到交朋友，每個都有自己的一套理論和交友模式。交朋友嘛！誰不會呢？從出生就開始交朋友交到現在，也有幾十年歷史了，只是令人感嘆的是：某些人在朋友中總扮演著強勢的角色，某些人總處於弱勢。有些時候，朋友是悄悄的來到你的身邊，莫名奇妙的認識了一幫朋友。而有的時候，你真心想要結識的朋友，卻不得其門而入，無緣結識。這實在是一大憾事。

每個人從幼至長，交朋友的時期分成很多個階段。小學時代、國中時代、高中時期、大學時代，逐一不同。每個時期有每個時期的朋友，及至到社會上工作，又會因工作環境的改變，朋友群也會更迭。有時候並不是我們自己刻意去迴避某些朋友，實則是環境的變化，來往不再頻繁而逐漸疏遠。倘若在多年以後，又再偶遇從前幼年時代的朋友，並且可以叫得出他們的名字，細數他們的習性、趣事，也未嘗不是一大樂事。他鄉遇故知，自古就是人生一大極樂之事。

我們常可看到選舉期間，所散發的宣傳單上，候選人的經歷上不乏是從幼兒園時代所就讀的幼稚園名稱，繼而至小學、補習班的名稱都一一細數，這就是要喚起民眾的記憶，在那個亙古年代，我也曾是你的朋友喔！

雖然我們都知道有很多人想做我們的朋友，甚至於有一些無意間就做了我們的朋友，但是我們卻不能不弄清楚，到底我自己真正希望交到那些人來做我們的朋友？並且要確定的是，我自己必須用什麼樣的態度來對待朋友?這兩個問題都直接牽涉個人的人生觀及價值觀的問題。因此要說交友的態度直接涉及個人的品格展現、思想層次、奮發有為的上進力是一點也不為過的。

有些人有交無類、不重視交友的品質，終而受其害。被倒債、受牽累、被劫財、牽扯是非、糾纏不清、倒霉的是自己。這是自己認人不清、沒有做好『友誼規劃』的結果，這是無法怨懟別人的。只有多做自我檢討、修正交友態度，才能免於重蹈覆轍。

自古以來，人與人的交往關係就存在著一個理想的境界。那就是平等、互惠、彼此尊重、相互學習、互不侵害的最高原則。『君子之交淡如水』就一語道破了這個理想的最高境界。但是現在是工商業發達的年代，人與人的關係常因商業化的價值觀而不再平衡。每一個人都希望結交到有能力、地位高、能幫助自己事業、增進財富的人做自己的貴人、朋友。相對的，對阻礙自己前途、牽絆個人富貴的人，視若蔽屣。從功利的角度來看，這個想法好像也沒有錯。朋友本來就是相互要幫助，互相拉拔，介紹生意，你賺我也賺，大家一起賺錢的互利模式。但是你若往長遠一點來看，倘若抽離了這種金錢上互利的基因，人與人之間還能留下一些仁慈的部份，例如忠誠、關懷、體諒、容忍，這也不算是太壞的功利主義模式了。

交友發財術

『友誼規劃』是交友成功的第一要件

每一個人都希望在不得罪人的前題下，結交許多對自己有用的朋友。所謂有用，當然是對自己增加利益、財利，在必要的時候相附合，同聲一氣。可是世間的事是不盡完美的，往往在彼此利益相衝突的時候，就會反目成仇了。如此的狀況就不可能不得罪人了。因此要說從不得罪人是不可能的，只能說少得罪人罷了！況且『從不得罪人』的人，畢竟是一個鄉愿，亦或是圓滑過了頭的狡滑之輩，此等豈非等善類，亦不可取。做人本當堅守正義的原則，交朋友也有原則，那就是『溫、良、恭、謙、廉』的原則。

要有成功的交友運，才不會發生引狼入室，受朋友所害，自己本身必須具備的條件非常要緊。也就是說本身要做的工作很多。人的一生，長長的數十年，從生至死都離不開人群，離不開朋友。因此做一個『友誼規劃』，有其必要性，同時也是非常值得去做的一件事。

人常常會去做『生涯規劃』、『財富規劃』。只有精明傑出的人，或是地位高、財富在一定水準的人，會去做『友誼規劃』。一般上班族、小市民卻很少聽到有人做此規劃的。原因為何？就是因為人在具有一定的地位和一定的財富之後，害怕別人的覬覦、搗蛋，會傷害到他本人的名譽和財富的緣故。因此這些人會做一些保護措施。這個保護措施就是『友誼規劃』中的一個小環節了。

一般人常會說：『何必這麼麻煩呀！我又不是那麼有錢？又何必害怕別人，把自己保護得那麼嚴格，我現在正希望朋友多多益善。朋友多、資源才豐富，機會才更多，前途才會更光明呀！』**話是沒錯！**『友誼規劃』也同時包括了朋友資源的聚集。

『友誼規劃』的內容：

通常我們會做一個分析，把我們身旁的朋友做一個歸類。你並不一定要把它寫下來，只要用心在心中思考一遍就可以了。這個思考是非常必要的，如此你才可確知自己到底有多少人際關係的資源。那些人是真正的朋友？那些人是不可靠的人？那些人是關係淺的朋友？那些人是會在適當時機幫助你的朋友。

並且由這個認知中，你也可明瞭自己應該用什麼態度去對待他們是最好的。同時，對於自己在言行上、規矩、儀態上也可做適當的調整改進，而讓你的人緣更圓融。

你可以把周圍的朋友先分成幾大類，然後再逐一細分。例如你可以把朋友分成和自己家人都認識的屬於家族性的朋友，以及個人所認識的朋友、和家人不熟、沒見過面的朋友等兩大類。亦可以分為工作上所認識的朋友和生活上的朋友兩大類。也可以分成一起遊玩的朋友和工作、生活上的朋友。

倘若你是個學生，就可以分成和學校生活有關的朋友（包括師長、同學）和居家生活上的朋友。

倘若你是以是非黑白、個性好壞、做人的真誠度、講話實不實在

來分類。就可以分成正派、不正派。溫和派、激進派。老實真誠型與圓滑型。愛吹噓與誠實型。各個種類的人了。

當然你還可把他們分成富有型、小康型、貧窮型的朋友。也可以分成知識文化型和吃喝玩樂型的朋友。更可以以自身的需要來歸類，如分成對我本人有幫助的人，和沒有幫助的人兩種。在這兩種類型中，你更要瞭解的是，有幫助的人並不一定會伸手幫你。你更要確定的是這個人和你的交情，在正常情形下，他會不會幫助你？他們能力有多少？他會在那一方面的事務幫助你？他願意付出多少心力？

倘若我們能明瞭這些，凡事就不會強求，而造成朋友間的不愉快了。當然最好就是不要求別人幫助，一切靠自己是最穩當的了。但是有很多事情並不像我們想像的那麼簡單，就像升職、升官、做考績評量，這些以人主觀的意識來評鑑人的能力的事情，雖然我們並不想求助於人，但仍是以與人為善，有良好的關係，才會有機會，有好的成績，因此人與人之間，是無法說全不靠人的幫助的。

關係深淺，要分等級

在人際關係中，要做『友誼規劃』更重要的部份就是關係要分出深淺的問題。一般人交朋友，速度很快。談得來或剛認識就可一見如故，立即帶回家裡去玩、招待他。尤其年青的朋友更是如此，剛認識外鄉來的朋友，沒地方住，立即正義感十足的帶回家裡，供吃供住，以表現自己的豪邁之情。像這種狀況都是很不對的情形。

記得多年前，我的弟弟在當兵時放假回來，就帶回一位同部隊剛退伍的朋友，說是暫住一、兩天。可是第二天一早起床，那位仁兄便不見了，家裡被翻得亂七八糟，很明顯的遭竊了。弟弟也非常懊惱，說是與此人根本不熟。那人跟弟弟說：『你家住台北嗎？我也要去台北找工作，去你家住幾天好嗎？』弟弟不好意思拒絕，因此就帶他回來了，當然他也從這次事件中得到了教訓。

朋友要分親疏，至少要分五種層次。即是一、極親密。二、親密。三、很熟。四、有點熟。五、不太熟。等五種關係。

通常我們以相交往時間長久，如相交一、二十年的朋友，彼此又心靈相通，互相能成知己的朋友，並且也能得到我們自己家族成員認同的朋友，為極親密的朋友。二、是普通親密的朋友。如長時間一起工作、生活，也可以談談比較內心世界的悲喜的朋友。三、普通很熟的朋友。如時常見面持續數年以上，彼此相互知道對方的環境、思想、性格、價值觀等條件的朋友。四、普通有點熟的朋友，如相交時間不太長，在某一個時間段落中常往來的朋友。五、不太熟的朋友。如偶而見面，常打招呼，只在寒喧階段的朋友。

倘若你是一個謹慎的人，你就會瞭解什麼時候可以請那些朋友回家？什麼時候不可以？什麼時候可以跟朋友有金錢上的往來？什麼時候不可以？

家在每一個人的心中，應該是最至高無上的精神堡壘，是家中每一個成員精神棲息之所，因此很珍貴，是不容易有外力侵入的。我們可以看到命宮中有七殺、天府的人，對自己家庭會保護得很嚴密，是不會隨便請人到家中去坐的。除非已是個很親密的朋友。其實大家也可以發現一般的老闆、企業家也不會在家裡宴請員工或隨便請職員回家去玩的。尤其在現今複雜的社會裡，保護家中每一個人，就是每個人該謹慎的責任與工作。

我們可常在一些社會案件中看到，一些涉世未深的青少年將朋友

交友發財術

帶回家，而引發殺機，父母被這個帶回家的朋友，因劫財而殺死了。也曾看到因自己帶朋友回家，家中幼子女被強暴的事件。這些可怕的案件常常在中、下層的社會中反覆重演，難道不是每一個人應該警惕的事情嗎？

通常『巨門坐命』、『太陽坐命』、『破軍坐命』、『天梁坐命』、『天機坐命』、『天同坐命』的人，是不會考慮到這麼多的問題。有的人是沒想那麼多。有的人是根本不在乎。等事情發生了，再來後悔。

朋友要分關係深淺、親疏，不但是在可不可以帶回家這件事上。同時也要用在錢財價值觀上。常有些來算命的朋友跟我訴苦，被朋友騙財、借錢不還、倒債等情事。其實有一些朋友是藉把錢放出去收取利息的，最後要不回來。或者是參加自助會，會頭倒會而倒債。

其實大家都心知肚明的一件事，『你想賺他的利，而他想要你的本！』並且和你有大筆金錢往來的朋友，一定是和你有相當熟悉程度的人，而你也一定在最先前的時候，對朋友有極信任的程度才會把錢財借給他，或者是投入他的自助會。

武俠小說家古龍曾經說過：『最能害到你的人，就是你身旁最親密的朋友。』

當我看到這些受害者，在金錢上受損失，精神上又被背叛時，覺得十分可憐。但是這些人也並不會從頭開始想一想，為什麼會造成如此的狀況？很多人都是自怨自艾的說：『太傻了！我都是相信他！才被他害了！』

倘若你能夠認真的想一想：這個『想信他』，其實本身就是你自己的問題。而不是別人的問題時。你會不會幡然悔悟，始作俑者原來就是自己！

交友發財術

我常常建議朋友，和其他朋友的金錢往來最好是小數目，例如一、二萬元、五萬元、十萬元。（生意上的往來是另外一回事，不在此論）因為縱然是朋友無力償還，自己還捨得起，而不會傷害友誼和自己的感情。倘若數目太大的金錢往還有了糾紛，好朋友反臉成仇，在我覺得是自己先給別人有可趁之機，以至於讓朋友有覬覦的野心，豈不是『陷人於不義』了？因此在朋友提供借貸之時，我都會事先言明我的規則，讓朋友有心理上的了解與準備，也不必再有過份的要求提出了。

往往人都是自己先有了貪念，覺得利息很高，只想到自己可以賺到的部份，也忽略了風險性。現在最流行的一句話是：『千金難買早知道！』其實只要自己不貪求、不佞想，一毛錢不花，你就已經知道了！凡事靠自己心純意正，才能不吃虧，不上當了。

人際關係資源的聚集

在你做好人際關係的歸類以後，自然會很明瞭目前在你的生活環境裡，周圍那一類型的朋友最多，這種狀況好不好？對你是不是有利的？假如說你目前想唸書、想再追求知識，而周圍都是好玩的朋友，對你就很不利了，你會受到影響而放棄。

假如說你想多賺點錢，追求富有的生活，四周都是比你還窮的朋友，那想要賺錢的機會就很少了。我們可以從前面的先天朋友運和流年朋友運的章節裡看到，那些擁有『武貪格』暴發運的人，會發大財，在他們之中，不是朋友們原本就很有錢了，就是在暴發運爆發時和朋友來往少、關係呈現冷淡的狀況。當然這一方面是由於當時他們很忙碌，要應付暴發運的事物。另一方面則是對金錢的敏感度，被吸引到錢多的地

交友發財術

方去了。也就自然而然的和窮朋友少來往了。因此我們千萬不要忽略了愛錢的人都知道的一句至理名言：『錢是有腳的，只會往錢多的地方薈集！』這就是『物以類聚』的現象。人也是一樣，喜歡往『人氣旺』的地方聚集。

我們往往會發現到，某個人緣好的人，事業也很旺盛，身邊總聚集著一大堆朋友，穿流不息的在他身邊圍繞著。**有些人會問道：**『難道在他的周圍的這些朋友之中，全都是旺運的人嗎？』這倒不一定了！這就像聚集在銀行中的錢，從來沒有人會去分辨那些是屬於倒霉的錢？那些才是屬於旺運的錢，是一樣的道理了。

但是人和物有很大的不同。人是有思想、有感覺、能分辨吉凶、善惡的。往往人緣好、氣勢旺的人，也更能分辨出比自己氣勢更旺、更強有力的良師益友出來。而運勢差的，人緣欠佳的人，也會因心嚮往之而附會依傍在旺運者的身旁。

成功的人，都有成功的好朋友！失敗的人，也都有運程晦暗的朋友。我們可以從觀察社會上知名的成功人士而得知這個結果。許多人在事業稍有一些成就或名氣之後，以前年青時代插科打諢的朋友就減少來往了，甚至消聲匿跡了。起而代之的正是目前和自己有相同地位、名聲的朋友。再由這個階段繼續向更高地位層次的朋友結交。這就是人往高處爬，水往低處流的效益。

失敗的人，往往是沒有朋友的。我們也可以從社會新聞或周邊的朋友中發現到一些事業不成功、婚姻有問題的人，常常畏縮自閉起來，深怕成為別人談論的對象。因此所有的人都痛恨『失敗』。

但是事業失敗、情感婚姻失敗，並不代表朋友運就會失敗。有好的朋友鼓勵你、幫助你，就是反敗為勝的關鍵。並且在人生低潮中所結

交友發財術

交，能肝膽相照的朋友，才是最值得珍惜、尊重的友誼。

在人生低潮時你更應該重新檢討，做友誼規劃，把那些不真誠、不講義氣、貪財忘友之輩的小人從你的朋友名單中刪除。重新建立完整益友的友誼規劃檔案。並且也該好好思考如何交到好朋友？如何改變自己待人處世的方式，以便更符合具有高尚品德、重情重義這些朋友們共處時的好條件。

權祿科

殺破狼

紫廉武

昌曲左右

第六章 『交友發財術』的預想目標及達成

在每個人的一生中，多多少少都會遇到一些知名之士，或是權貴之族，或是有富翁型、大企業老板型的朋友。也許你並不稀罕和他們有深厚的交往。也許你正等待機會和他們交往，以便對自己的人生有所助益，但是苦於無機會結識他們、接近他們。

在紫微命理中有一些特定的時間是可以幫助你達成願望的。

結識位高權重、名人的好時間

例如要結識或結交知名的人、地位高的人、有權勢的人或是上司級、長輩型的人物，可以利用『流年、流月』行經命盤中『紫微星』所坐落宮位的『流年、流月』來進行。也可以利用『流年僕役宮』、『流月僕役宮』行經『紫微』坐落的宮位來進行。這樣你就有兩種吉祥的時間可以運用了。

就像『同巨坐命』丑、未宮的人，本身沒有什麼事業，工作也是斷斷續續的做不長。但是他們都有很好的能耐，能結識、結交到高地位、高水準的朋友，很讓人驚訝。其實就是因為他們本身的僕役宮就是『紫微星』。再加上『流年、流月僕役宮』在活盤中的運轉所致。

事實上『天同坐命』的人。都有結交上等朋友、達官顯貴的本領。無論是『天同單星』坐命，或是『同巨坐命』、『同梁坐命』、『同陰坐命』的人，也都有這些本領和機會。

只是『天同單星』坐命的人，高地位、高層次的朋友會水準更高。這主要是『天同坐命』的人很溫和、乖巧、對人有禮貌，生平無大志，沒有企圖心和侵略、掠奪的特性，讓人很放心的接近身邊。因此你在與地位高、權勢大的人接觸時，就要記住這些要點了，太急功好利是會把貴人嚇跑的。

結識富人的好時間

如果你要認識財力雄厚的人，富翁級的朋友，就要選擇自己在流年、流月的運程運行到『武曲財星居旺』、『紫府』、『武府』、『武貪』等宮位時，或者是『流年僕役宮、流月僕役宮』運行到『武曲居旺』、『武府』、『武貪』等宮位時，就會有成果。一方面你自己會比較有錢，夠得上水準去結識他們，再方面運氣已運行到聚財的時候，這些富人也感覺

交友發財術

得到你身上所流通的財氣，而不會排斥你。

『武貪』在流年朋友運中雖不算是好的朋友運，但它是一種旺運，屬於暴發運。會有突如其來的結識富人的機會。但後續發展，只能看個人能耐了。

『武殺』、『武破』的流年運和流年朋友運雖有財星，但財星居平陷之位，反而是煞星當道，因此都不是好運，不要說是要結識富人不成功了，就連平常人都怕你。人的鼻子是很靈敏的，財氣和窮酸氣一聞便知。你若不信，可以用『武殺』、『武破』，或是『太陰陷落』的時間，找一位比較富有的朋友試一試，看看會不會有好臉色？

所以命坐在『紫微在丑』、『紫微在未』、『紫微在卯』、『紫微在酉』命盤格式中的人，因為有『武殺』、『武破』的影響，就各失去一個認識富人的好機會了。不過你們仍可利用別的時間來進行。例如『天府』或『太陰居旺』的時間。

找到知己朋友的好時間

人生貴一知己。這是很多人的願望，不管富人、窮人，每一個人都想找到一個貼心的朋友。事實上，具有貼心朋友的人，在人生上是真正富足的人。但是知已難尋。到底要在什麼時候才能找得到呢？

要尋找貼心朋友必須要找對時間、時間不對，不是心意所託非人，別人完全無意與你深交，便是你原來瞧不上眼的人又緊貼了上來，甩也甩不掉，豈不煩惱。

要尋覓知心、貼心的朋友，你可以利用『流運』（包括流年運、流月運）運行到『太陰居旺』、『天府』、『天相』、『太陽居旺』這些時間。也可以利用『流年、流月朋友運』運行到『太陰居旺』、『天府』、『天相』、『太陽居旺』的時間。在這些時間中尤以『太陰居旺』的『流年運』和『流年朋友運』為最上上之選。

當『流年運程』，或是『流年朋友運』的運程走到『太陰居旺』的宮位時，此時你是最敏感的了。你此時最能體會出你所需要好的是那類型的朋友？在你的周圍又有那一個人最符合條件？當然只要稍微感受一下，知心朋友便呼之欲出了。並且你們會有相互感應的默契。

在『天府』、『天相』的『流年運』和『流年朋友運』時，你會稍微鈍一點，只能找到比較乖巧、聽你的話，肯為你做事的朋友，他們並不一定非常能感受到你的心意，算不上心意相通的朋友。

在『太陽居旺』的『流年運』和『流年朋友運』時，你會更鈍，只找到大而化之、寬大為懷、不太計較的朋友而已，而他根本無法瞭解你的心意，更不要說心意相通之類的、有相互感應、默契了。正因為這個緣故，因此在『太陽居陷』時的『流年、流月朋友運』時，事實上也可找到這種心地寬廣、毫無煩惱的朋友。

升職、加薪、考試等貴人運的好時間

很多人都知道『天梁』是貴人星，有貴人運。但必須是『天梁居旺、居廟』才行。『天梁居陷』是無法發揮作用而有阻礙的。

在升職的時候，『流年運』、『流年朋友運』，運行到『天梁居旺』、『紫貪』、『貪狼居旺』、『武貪』、『紫相』、『同陰居子宮』、『機陰在寅宮』、『天機居旺』或是有『化權』在上述星曜中，都會有升職上的好機會。像『同陰居子』、『機陰居寅』、『天機居旺』，在層次上稍弱，是因為產生動感變化，而朝向好的一方變動而形成的，因此在升職、升官的時運上是較弱的一環。

『貪狼』代表好運機會，因此『紫貪』、『武貪』、『貪狼居旺』，都代表爆發了好運的時機而形成升官、升職的佳時。

『紫相』是原本就很完美安泰了，時候到了，自然而然，應該是升職、升官的時候了。

『天梁』代表名聲，代表長輩的照顧。因此在『流年運』、『流年朋友運』運行到『天梁居旺』的宮位時，名聲大了，照顧你的長輩就出現了，好運就落在你頭上了。因此升職、考試是最需要此運的了。『天梁』不主財，雖運行『天梁運』，財的部份少。

要加薪，就要利用『紫府運』、『廉府』、『天府』、『武府』、『武貪』、『武曲』、『武相』、『貪狼居旺』、『太陰居旺』等『流年運』和『流年朋友運』。在這其中只有『紫府』、『武貪』、『武府』、『貪狼運』是加薪會較多的『流年運』及『流年朋友運』。其他的運勢有層次上的差異，依次遞減之勢。

找員工、助手、可以幫助你工作的人的好時間

在找幫手時，不論此人將是你的部屬，或是合夥，一起共事的人，都要找吉星所在的『流運、流年、流月朋友運』的宮位時間。就像『紫微』、『紫府』、『紫相』、『天府』、『天同居旺』、『天相居旺』、『太陽居旺』、『太陰居旺』、『陽梁』、『武相』、『武府』、『同陰居旺』、『天梁居旺』等時間。

『廉府』雖然也不錯，但在這個時間內你一定會找到看起來老實、規矩，卻有一點笨的人。要是工作性質不妨礙，也是可以用的時間。

『貪狼』的時間不可用，雖然你在這個時間可以找到聰明的、人緣好的人，但他們不負責任，做事馬虎，而且不好管理。他們的意見多，常有反叛心理。

『天機』的時間也不好，會找到愛耍小聰明的人，常搗蛋、不好管理。

『破軍』的時間也不好，會找到層次參差不齊、水準低落、儀表邋遢的人。

『七殺』的時間也不好，會找到剛愎自用、態度頑固強硬的人。

『巨門』的時間會找到愛說話、口才好，會有一些是非的人。倘若『巨門居旺』又『化祿』，會找到油滑的人。錄用業務員、房地產買賣經紀、推銷員則可用這個巨門居旺的時間。

『機巨』的時間，會找到有一點學問知識，也很聰明，有專業修養，但是態度傲慢、不合群的人。

『廉貞』的時間，會找到心有城府，攻於心計的人。

上面的時間就是在面試助手、員工時間，時間上要注意的問題。

其實你也可以用這些時間上的特性，發揮在你與客戶見面時的時間問題上。

上面談的是『流年運』和『流月運』。其實『流日、流時』也可以套在上面用。譬如說你和人約見面在巳時，而你命盤中巳宮是『廉貪』。我勸你最好改時間，改到中午或下午。因為『廉貪運』太差了。你和對方一定看不順眼，對方會很不喜歡你而態度不好而告吹。只要你命盤中有『廉貪』在巳宮的人，巳時都不能用，不管那一天，都是很壞的時間。倘若命盤中巳宮是『太陽居旺』，那就是好時間，巳時就是最好用的時間了。

結論

『交朋友貴在自省！』自省不但是時時刻刻的做自我行為上的反省，更應該常常做自我分析，看看自己到底需要的是那類的朋友？朋友像一面鏡子，常能反射出我們自身的優點與缺點。朋友也像我們家中所種植的綠色植物，它不但能滋潤、清淨我們的心胸，美化我們的生活，更能創造我們人生中旺運的高峰點。朋友關係也像植物一樣，需要細心培植灌溉，小心維護。也需要去蔓裁枝，去蕪存菁，才能真正塑造一個能幫助我們改變人生境界，向更高層次發展的朋友關係。也才能真正找到能相助事業以及相助達成幸福人生的知心朋友。所以想要達成交到真正有利於自己的好朋友，是必需先從『自省』開始做起的。

如此一來，每一個人都能以站在另一個空間的靜觀者的身份，觀察分析自己生命歷程裡，那些是真朋友？那些是假朋友？那些是益友？那些是損友了？更可以隨時修正自己的交友之道，找出知心朋友的動向，完成匡扶自己走向旺運旅程的大業。

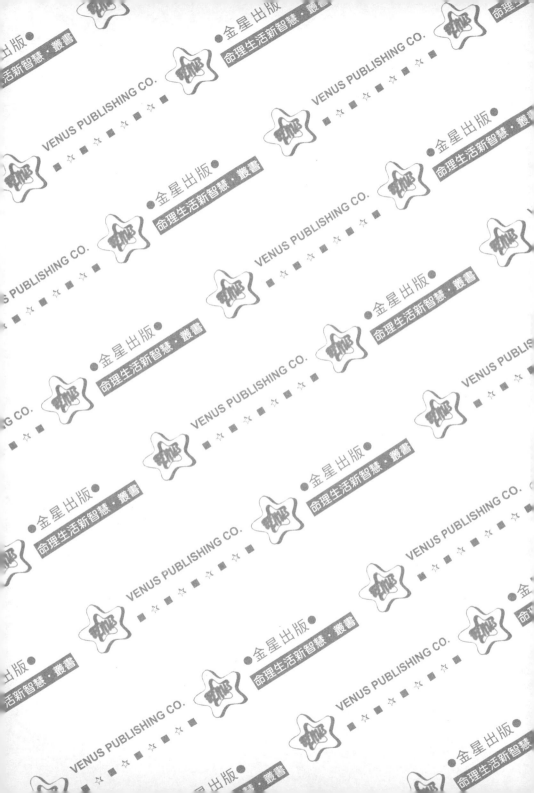